2015 全国计算机技术与软件专业技术资格（水平）考试用书

信息系统监理师
案例分析历年真题详解

Xinxi Xitong Jianlishi Anli Fenxi Linian Zhenti Xiangjie

（2005～2014）

信息系统监理师考试复习用书编委会 | 组编
薛大龙 | 主编
王　达　王红安 | 副主编

人民交通出版社股份有限公司
China Communications Press Co.,Ltd.

内 容 提 要

本书汇集整理了信息系统监理师2005~2014年考试的下午案例分析真题(每年5月、11月共2次考试,由于2009年下半年未开考信息系统监理师,因此10年共有19套真题),每套真题均附有答案和详细解析。

本书最后附有信息系统监理师考试大纲、信息系统监理工程师资格管理办法、计算机信息系统监理企业资质等级评定条件(最新版)等内容,可供考生了解和熟悉这个行业的管理制度和最新规定,同时这些内容也常在考题中出现。

本书可供参加全国计算机技术与软件专业技术资格(水平)考试"信息系统监理师"专业的考生复习使用。

图书在版编目(CIP)数据

信息系统监理师案例分析历年真题详解. 2005~2014/薛大龙主编. —北京:人民交通出版社股份有限公司,2015.3

ISBN 978-7-114-12133-3

Ⅰ.①信… Ⅱ.①薛… Ⅲ.①信息系统—监管制度—工程技术人员—资格考试—题解 Ⅳ.①G202-44

中国版本图书馆CIP数据核字(2015)第054947号

书　　名:信息系统监理师案例分析历年真题详解(2005~2014)
著 作 者:薛大龙
责任编辑:刘彩云　李　坤
出版发行:人民交通出版社股份有限公司
地　　址:(100011)北京市朝阳区安定门外外馆斜街3号
网　　址:http://www.ccpress.com.cn
销售电话:(010)59757973
总 经 销:人民交通出版社股份有限公司发行部
经　　销:各地新华书店
印　　刷:北京盈盛恒通印刷有限公司
开　　本:787×1092　1/16
印　　张:12.25
字　　数:280千
版　　次:2015年3月　第1版
印　　次:2015年3月　第1次印刷
书　　号:ISBN 978-7-114-12133-3
定　　价:48.00元

全国计算机技术与软件专业技术资格(水平)考试

“信息系统监理师”考试复习用书编委会

编 者 的 话

2012年5月2日，工业和信息化部计算机信息系统集成资质认证工作办公室发布了《信息系统工程监理单位资质等级评定条件》(2012年修订版)，信息系统工程监理资质等级评定条件主要包括综合条件、财务状况、信誉、业绩、管理能力、技术实力、人才实力共七个方面。其中“人才实力”对信息系统工程监理单位的持证人员数量提出了具体要求：甲级资质企业需要具有信息系统工程监理工程师资格的人数不少于25名，乙级资质企业需要具有信息系统工程监理工程师资格的人数不少于12名，丙级资质企业需要具有信息系统工程监理工程师资格的人数不少于5名，临时资质企业需要具有信息系统工程监理工程师资格的人数不少于2名。通过“信息系统监理师”考试是获得信息系统工程监理工程师资格的强制条件！

2014年9月10日，信息系统工程监理单位资质和信息系统工程监理工程师资格的行政审批，由原来的政府机构——工业和信息化部，改为行业协会——中国电子信息行业联合会(简称“电子联合会”)。电子联合会设立信息系统集成资质工作委员会(简称“联合会资质工作委员会”)，全面负责资质认定工作。联合会资质工作委员会下设信息系统集成资质认证工作办公室(简称为“资质办”)，负责具体组织实施资质认定工作。联合会资质工作委员会及资质办接受工业和信息化部对资质认定工作的指导和监管。监理人员通过考试获得“信息系统监理师”证书，仍是企业获取资质的强制条件。

根据“国人部发〔2003〕39号文件”，“信息系统监理师”考试是人力资源和社会保障部、工业和信息化部为适应国家信息化建设的需要，规范计算机技术与软件专业人才评价工作，促进计算机技术与软件专业人才队伍建设，设置并确定的计算机技术与软件专业技术资格(水平)考试之一。该考试体现了专业技术资格“以考代评”的精神，通过考试的人员，表明其已具备从事相应专业岗位工作的水平和能力。考试合格者将获得各省、自治区、直辖市人力资源和社会保障部门颁发的由人力资源和社会保障部统一印制，人力资源和社会保障部、工业和信息化部共同用印的《中华人民共和国计算机专业技术资格(水平)证书》，用人单位可根据《工程技术人员职务试行条例》有关规定和工作需要，从获得计算机专业技术资格(水平)证书的人员中择优聘任相应专业技术职务。

通过本考试的合格人员应能掌握信息系统工程监理的知识体系及完整的监理方法、手段和技能，应能运用信息技术知识和监理技术方法编写监理大纲、监理规划和监理细则等文档，应能有效组织和实施监理项目，具有工程师的实际工作能力和业务水平。

“信息系统监理师”考试为全国统一考试，每年考试2次，考试时间分别是每年5月的第3个周末和11月的第2个周末。每次考试在1天内完成，上午考“信息系统工程监理基础知识”，下午考“信息系统工程监理案例分析”，考试必须同时通过2个科目才可拿到证书，成绩不滚动。

由于历年信息系统监理师考试的全国平均通过率一般不超过20%，考试范围较广，但内容不是太深，那么如何通过“信息系统监理师”考试呢？我们的建议是：复习历年真题。考生可通过历年真题了解考试难度、命题范围，把握本考试复习的深度和广度。另外，历年真题的知识点，就是考生要学习的知识点，高频考点就是复习重点。考生不仅要会做某道题，还要能举一反三，掌握该题涵盖的知识点，这样不管它从哪个角度命题，都能从容应答。

为此，我们特组织行业考试及培训专家编写本书。本书主编薛大龙教授，曾多次参与全国计算机技术与软件专业技术资格（水平）考试“信息系统项目管理师”、“系统集成项目管理工程师”、“信息系统监理师”这3科的命题与阅卷，作为规则制订者，对历年试题研究透彻，非常熟悉命题要求、命题形式、命题难度、命题深度、命题重点及判卷标准等。

本书副主编王达、王红安，均是信息系统工程监理行业的顶级专家。王达老师拥有“信息系统监理师”、“信息系统项目管理师”等证书，对信息系统监理方法、信息系统项目管理、信息应用系统建设监理具有非常深的理论造诣与工程实践。王红安老师拥有“注册监理工程师”、“一级建造师”、“信息系统监理师”、“信息系统项目管理师”等证书，对信息系统监理基础知识、信息系统项目管理、信息网络系统建设监理具有非常深的理论造诣与工程实践。参与本书编写的人员还有王宏宇、何鹏涛、冉志海、胡凯、赵亮、李金锁、李巍然、谢菲、尚东挺、李志强、辛灵飒、姚亮、张琳琳、艾教春，在此对他们的辛勤劳动表示感谢。

本书汇集整理了“信息系统监理师”2005～2014年考试的下午案例分析真题（每年5月、11月共2次考试，由于2009年下半年未开考信息系统监理师，因此10年共有19套真题），每套真题均附有答案和详细解析，考生可刮开本书封面的“学习卡”，登录“注考网”（www.zhukaowang.com.cn）在线学习，这对通过考试会有很大的帮助。

本书的最后介绍了全国计算机技术与软件专业技术资格（水平）考试的发展历史及资质管理要求、信息系统监理师考试大纲、全国计算机技术与软件专业技术资格（水平）考试暂行规定、全国计算机技术与软件专业技术资格（水平）考试实施办法、信息系统监理工程师资格管理办法、计算机信息系统监理企业资质等级评定条件（最新版），供考生了解和熟悉这个行业的管理制度和最新规定，同时这些内容也常在考题中出现。

在本书出版之际，要特别感谢人民交通出版社股份有限公司刘彩云老师和交通运输部管理干部学院信息中心李挥剑主任，两位老师在本书的策划、大纲的审定以及编辑、出版等方面，付出了辛勤的劳动和智慧，给予了很多支持和帮助。

最后，预祝各位考生取得好成绩！

薛大龙
2015年于北京

目　录

2005年上半年信息系统监理师

案例分析试题(下午)

试题一(20分)

阅读下列说明,回答问题1至问题4,将解答填入答题纸的对应栏内。

[说明]

集成商A经过政府采购招标过程,承接国家机关B的信息化工程项目建设任务,合同规定的投资金额为980万元,建设周期为2年。但在系统试运行阶段,由于《中华人民共和国行政许可法》的颁布实施,B的工作流程发生了变化,需要新增和改造部分功能;B认为该项目变更部分由A继续承担较为合适,决定不再进行招标,并且双方通过协商决定新增投资100万元。

[问题1](4分)

对于业主的做法,你认为是否合适?并说明理由。

[问题2](4分)

在此过程中,最重要的监理工作内容是什么?并说明理由。

[问题3](7分)

对于该项目来说,变更的控制流程主要有哪些?

[问题4](5分)

集成商A要对新增和改造软件部分功能进行需求调研和分析,从监理的角度来看,集成商A在本阶段应产出的主要成果是什么?

试题二(15分)

阅读下列说明,回答问题1至问题3,将解答填入答题纸的对应栏内。

[说明]

某政府机关的电子政务一期工程包括网络平台建设和应用系统开发,通过公开招标,确定工程的总承建单位是公司A。公司A自行决定,将其中一部分核心软件开发工作分包给其下属公司B,而公司B又将部分软件开发工作分包给了公司C。

[问题1](4分)

假如你是此项目的监理工程师,请陈述承建单位A的做法是否正确?并且说明原因。

[问题2](6分)

简要描述该项目验收工作的步骤。

[**问题3**](5分)

承建单位提出对网络系统和应用软件系统进行验收时,需要提交哪些必要的文档?(考生回答时只需列出一种系统所需提交的文档即可)

试题三(20分)

阅读下列说明,回答问题1至问题4,将解答填入答题纸的对应栏内。

[**说明**]

信息网络系统是信息系统重要的组成部分,对信息网络系统的监理工程实施是信息网络工程建设重要的组成部分。

[**问题1**](5分)

信息网络系统的现场实施通常分哪几个步骤进行?

[**问题2**](5分)

请简述网络设备采购到货环节监理的流程。

[**问题3**](5分)

请列出两种信息网络系统常用的监理方法,并对列出的监理方法给出简要说明。

[**问题4**](5分)

在信息网络系统完工时,应由建设单位、承建单位和监理单位三方共同确定验收方案。验收方案确认的重点工作之一就是确认工程验收的基本条件是否满足要求,这时监理单位的主要工作是什么?

试题四(20分)

阅读下列说明,回答问题1至问题4,将解答填入答题纸的对应栏内。

[**说明**]

某政府部门A定制开发的业务信息化系统通过多年的使用,运行稳定。但是,由于业务的扩展,系统已经满足不了业务的需要。A在征集了各业务处室的改进建议之后,决定借鉴原系统的成功经验,重新开发一套新的业务信息化系统。

[**问题1**](5分)

承建单位决定采用增量模型加瀑布模型的开发模式。作为监理工程师,你认为承建单位的选择是否合适?并给出理由。

[**问题2**](6分)

列出影响项目进度的因素并加以简要说明。

[**问题3**](4分)

某一子系统大约需要50000行代码,如果开发小组写完了25000行代码,能不能认为他们的工作已经完成了大约一半?并说明原因。

[**问题4**](5分)

请简述软件测试的目的。

2005年上半年信息系统监理师

案例分析试题(下午)解析及答案

试题一

[**问题1**]

业主的做法不合适。

业主应该首先提出变更申请。

经过变更分析,确定变更需要追加的投资。

如果项目实施时间与投资超过原来总投资的10%,按照《中华人民共和国招标投标法》(简称《招标投标法》)规定,应该重新招标。

[**问题2**]

最重要的内容是:变更控制、进度控制、投资控制与合同管理。

原因:由于新增和改造部分功能,项目发生了变更,因此要进行变更控制,由于变更影响到了投资和项目进度,需要重新评估投资,确定进度计划,因此要进行投资和进度控制,此外,需要对原合同签订补充合同,因此要进行合同管理。

[**问题3**]

第一步,B向监理工程师提出变更请求,提交书面项目变更申请书。

第二步,监理单位首先明确界定项目变更的目标,根据收集的信息判断变更的合理性和必要性,如果合理,进行变更分析。

第三步,进行变更分析时,主要分析项目变化对项目预算、进度、资源配置的影响和冲击。

第四步,三方进行协商讨论,根据变更分析结果,确定最优变更方案。

第五步,下达变更通知书,并把变更实施方案告知有关部门和实施人员,为变更实施做好准备。

第六步,监控变更的实施。

第七步,进行变更效果评估。

[**问题4**]

(1)项目开发计划;

(2)软件需求规格说明书;

(3)软件质量保证计划;

(4)软件配置管理计划;

(5)软件(初步)确认测试计划;

(6)用户使用说明书初稿。

试题二

[问题1]

不正确。

原因:通过招投标方式签订合同的项目,承建单位可按照合同约定或者经建设单位同意,将中标项目的部分非主体、非关键性工作分包给他人完成,本项目的承建单位未经建设单位同意就将部分工作分包他人,并且分包出去的工作是关键性开发工作,这两种做法都是错误的。

分承建单位应当具备相应的资格条件,并不得再次分包。

[问题2]

①提出验收申请;

②制订验收计划;

③成立验收委员会(或验收工程组或验收小组);

④进行验收测试和配置审计;

⑤进行验收评审;

⑥形成验收报告;

⑦移交产品。

[问题3]

(1)应用软件系统验收需提交文档:

①软件需求说明书;

②概要设计说明书

③详细设计说明书;

④用户手册;

⑤测试报告;

⑥项目试运行总结报告;

⑦项目开发计划;

⑧数据要求说明书;

⑨操作手册;

⑩数据库数据说明书;

⑪模块开发卷宗;

⑫测试计划。

(2)网络系统验收需提交文档:

①网络系统技术方案;

②网络系统到货验收报告;

③主机网络系统实施总结报告;

④网络系统测试报告;

⑤用户手册;

⑥随机技术资料;

⑦该工程主机网络系统安装配置手册；

⑧该工程主机网络系统维护手册—管理员级；

⑨该工程主机网络系统日常维护及应急处理方案。

试题三

［问题1］

①网络设备的到货验收。

②全部网络设备加电测试。

③模拟建网调试及联通性网络测试。

④网络系统和主要设备参数的详细设置。

⑤实际网络安装调试。

⑥全网络系统测试。

［问题2］

①承建商提前三天通知业主和监理方设备到达时间和地点，并提交交货清单。

②监理方协助业主做好设备到货验收准备。

③监理方协助业主进行设备验收，并做好记录，包括对规格、数量、质量进行核实，以及检查合格证、出厂证、供应商保证书及规定需要的各种证明文件是否齐全，在必要时利用测试工具进行评估和测试，评估上述设备能否满足信息网络建设的需求。

④发现短缺或破损，要求设备提供商补发或免费更换。

⑤提交设备到货验收监理报告。

［问题3］

(1)评估：评估是指依据信息系统工程项目的总体需求和网络设备的指标，判断网络设备是否能够满足信息系统工程的建设需求。由于通常情况下，网络设备提供商提供技术指标比较准确，可信度较高，因此评估方法主要适用于网络设备的选型和采购。

(2)网络仿真：使用网络仿真的方法，可以对网络设计方案进行必要的评估，验证承建方的网络设计方案是否能够满足建设方的需要。

(3)现场旁站：即在网络施工的过程中，采用旁站的方式进行监理，主要的目的在于保证项目实施过程中的工程标准的符合性，尽可能保证施工过程符合国家或国际相关标准。现场旁站比较适合于网络综合布线的质量控制。

(4)抽查测试：即对于某些网络的连通性和通信质量进行一定比率的抽查测试，抽查测试比较适合于综合布线，结合现场旁站的手段，根据手持式网络测试仪抽测的结果，能够分析网络综合布线的效果，可以有效保证网络综合布线的质量。

(5)网络性能测试：主要是通过必要的网络测试工具，对网络的性能进行测试。

［问题4］

监理单位的主要工作是审查：

(1)是否符合工程设计和合同约定的各项内容；

(2)技术文档和工程实施管理资料是否完备；

(3)工程涉及的主要设备、材料的进场和检验报告是否完备;

(4)各单项工程的设计、实施、工程监理等单位分别签署的质量合格文件是否完备;

(5)承建单位的售后服务和培训计划是否完备。

试题四

[问题1]

合适。

理由:虽然A当前正在使用的业务信息化系统为新系统提供了原型基础,但是由于业务发生了较大的变化,承建单位不能很快全部明确所有的业务需求,因此,承建单位应尽可能及早明确已知的业务需求,完成相应的需求分析,并按瀑布模型的方法进行第一次开发工作,保证基本需求的最快实现。

随后,通过试验或者试运行找出系统中的欠缺和不足之处,明确那些未知的软件需求,再迭代进行增加部分的需求分析和开发。

[问题2]

(1)工程质量的影响:质量指标的不明确、不切实际的质量目标,质量不合格,都将对工程进度产生大的影响。

(2)设计变更的影响:设计的变更通常会引发质量、投资的变化,加大工程建设的难度,因而影响进度计划。

(3)资源投入的影响:人力、部件和设备不能按时、按质、按量供应。

(4)资金的影响:如果建设单位不能及时给足预付款,或是由于拖欠阶段性工程款,都会影响承建单位资金的周转,进而殃及进度。

(5)相关单位的影响:项目建设单位、设计、实施单位、设备供应单位、资金供应单位、监理单位、监督管理信息系统工程建设的政府部门等等都可能对项目的进度带来直接和间接的影响。

(6)可见的或不可见的各种风险因素的影响。

(7)承建单位管理水平的影响。

[问题3]

不能认为完成了一半的工作量。

原因:①对整个软件的代码行的估计可能不准确;②已写完的代码可能相对容易;③如果代码没有通过测试,就不能算完成。

[问题4]

(1)通过测试,发现软件错误;

(2)验证软件是否满足软件需求规格说明和软件设计所规定的功能、性能及其软件质量特性的要求;

(3)为软件质量的评价提供依据。

2005 年下半年信息系统监理师

案例分析试题(下午)

试题一(20 分)

阅读下列说明,回答问题 1 至问题 4,将解答填入答题纸的对应栏内。

[**说明**]

某县电子政务信息系统工程,总投资额度约 500 万元,主要包括网络平台建设和业务办公应用系统开发,监理公司承担了全过程监理任务。建设单位自行决定采用邀请招标方式选择承建单位,但是监理单位指出采取邀请招标的方式不妥当,应当采取公开招标方式。最终建设单位接受监理的意见进行公开招标。在招标文件中要求省外的投标人需具备计算机信息系统集成一级资质、省内的投标人具备计算机信息系统集成二级资质,招标文件于 9 月 15 日发出,并规定 9 月 28 日为投标截止时间。A、B、C、D、E、F 等多家公司参加投标。但本次招标由于招标人原因导致招标失败。建设单位重新招标后确定 A 公司中标,于 10 月 30 日向 A 公司发出《中标通知书》,并在《中标通知书》发出后第 40 天,与 A 公司签订了项目建设合同。

合同生效后,A 公司自行决定,将其中一部分核心软件开发工作分包给 B 公司并签订了价值 100 万元的分包合同。监理发现问题后,会同建设单位要求 A 公司立即终止分包行为并处以 2 万元罚款。A 公司表示接受惩罚并宣布与 B 公司签订的分包合同无效。

在随后的应用系统建设过程中,监理工程师发现 A 公司提交的需求规格说明书质量较差,要求 A 公司进行整改。但是 A 公司解释说,由于建设合同没有规定应用软件系统开发应遵循的质量标准方面的条款,建设单位也没有相关的质量准则,因此 A 公司以自己公司相关的质量标准为依据进行需求调研、分析和编写需求规格说明书,是符合 A 公司质量标准的,从而拒绝进行整改。在这种情况下,监理单位建议 A 公司与建设单位就此问题签订补充协议或遵循相关的国家标准(GB/T 8567、GB/T 9385 等),遭到 A 公司的拒绝。

[**问题 1**](5 分)

指出该工程招投标过程中的不妥之处,为什么?

[**问题 2**](4 分)

监理单位认为建设单位采取邀请招标的方式不妥当的依据是什么?

[**问题 3**](5 分)

监理会同建设单位对 A 公司进行经济惩罚的额度是否合适?请阐明理由。A 公司宣布与 B 公司签订的分包合同无效的法律依据是什么?

[**问题 4**](6 分)

A 公司的做法是否正确?监理的建议是否妥当?请阐明理由。

试题二(20 分)

阅读下列说明,回答问题 1 至问题 4,将解答填入答题纸的对应栏内。

[**说明**]

某地区政府部门建设一个面向公众服务的综合性网络应用系统,对现有的零散管理系统和服务平台进行重组整合,整个项目由政府的信息中心负责统一规划、分期建设,由各共建单位的主要领导组成了领导小组,招标选择了监理公司全程监理建设过程。一期重点建设了社保、民政和交换中心三个应用系统。建设过程中由于机构改革、职能需要重新定位等原因,《需求规格说明书》始终找不到最终用户签字。在监理方和承建单位的一再努力下,只有一个共建单位的主管领导在该子系统的需求分析上签字确认。为了赶进度,承建单位决定先行设计和实施,监理方认为可以理解且就目前的实际情况而言,也只好默许。

在实施中,承建单位制定了如图 2-1 所示的单元测试进度计划,图中已标出每个节点的最早开始时间和最迟开始时间。监理工程师在第 5 天进行检查时,发现工作 A 已经完成,工作 B 已经实施 3 天,工作 C 已经实施 1 天,工作 D 已经实施 1 天。

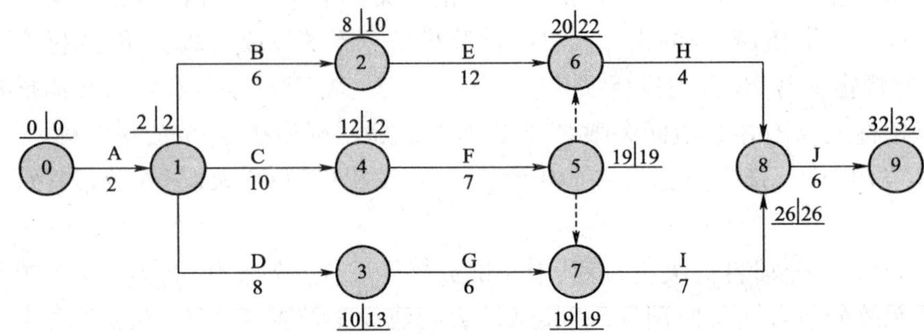

图 2-1

工程竣工验收时,承建单位向监理单位提交了验收申请并将竣工验收所需要的全部资料报送项目监理单位,申请竣工验收。总监理工程师认为系统已经过初验和 3 个月的试运行,并且运行情况良好,随即对验收申请予以签认,并协助建设单位进行后续的验收工作。

[**问题 1**](6 分)

在本项目需求分析阶段的监理中,监理方有没有不妥当的地方,监理应该怎样做?阐述软件需求分析阶段监理的主要任务。

[**问题 2**](6 分)

根据对单元测试进度检查的结果,请确定:①工作 B、C、D 的进度是正常还是延误(给出延误的天数),是否影响工期并说明为什么。②在项目总工期允许拖延的情况下,请重新计算网络时间参数并填入图 2-2 的(1) ~ (30)中。总工期是正常还是延误?若延误,请给出延误的天数。

[**问题 3**](4 分)

阐述承建单位应该产生的单元测试工作成果。

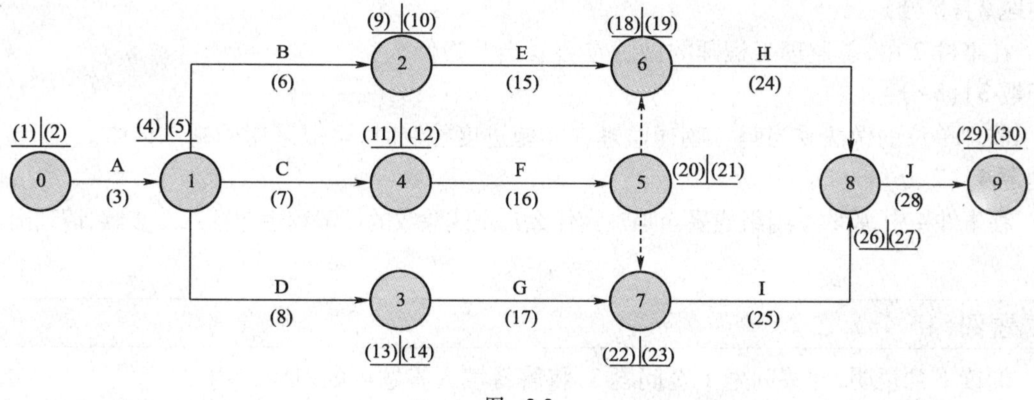

图 2-2

[**问题4**](4分)

竣工验收时,总监理工程师在执行验收程序方面的做法正确吗?如果正确,请说明理由;如果不正确,请说明正确的做法。

试题三(20分)

阅读下列说明,回答问题1至问题4,将解答填入答题纸的对应栏内。

[**说明**]

某监理单位承担了某政府机关的网络平台和机房建设工程的监理工作。通过公开招标,确定工程的承建单位是A公司,按照《中华人民共和国合同法》(以下简称《合同法》)的要求与A公司签订了工程建设合同,并在合同中规定,A公司可以将机房工程这样的非主体、非关键性子工程分包给具备相关资质的专业公司。在工程项目的实施过程中,发生了如下事件:

事件1:A公司在征得建设单位同意后,将其中的机房工程建设工作分包给具有相应资质的B公司,并将分包结果以书面形式通知了监理单位。

事件2:在机房工程的施工中,总监理工程师在巡视中发现施工人员为了赶工期,把信号线和电源线放在了同一条槽中,违反了有关规范中信号线防干扰的规定。总监理工程师随即要求B公司保护好施工现场并于2小时内将发生质量事故的情况以书面形式上报建设单位和监理单位以便共同确认处理意见。

事件3:签订合同后,A公司向监理提交了《网络工程建设进度计划》,监理审核后认为该计划符合要求并予以签认。

事件4:工程验收是信息网络系统建设的收尾工作,A公司按《网络工程建设进度计划》规定的时间于9月10日完工,并于9月15日提出验收申请。在确认工程项目已经达到验收条件的情况下,三方决定对项目实施验收,成立的工程验收小组由5人组成,其中建设单位项目负责人1人、监理单位人员1人、外聘专家3人。

[**问题1**](3分)

在事件1中,A公司的分包过程是否妥当?为什么?

[**问题2**](5分)

在事件2中,总监理工程师的做法是否妥当?为什么?

[**问题3**](5分)

监理单位的做法妥当吗?阐述监理在实施进度控制时,可以采用的基本措施。

[**问题4**](7分)

在事件4中,验收小组组成妥当吗?为什么?正式验收的一般程序包括八个步骤,请列出。

试题四(15分)

阅读下列说明,回答问题1至问题3,将解答填入答题纸的对应栏内。

[**说明**]

某企业拟建设面向内部管理的ERP系统和面向外部客户的网络营销系统,并选择了某监理单位承担该项目的全程监理工作。监理单位介入项目后,发生了如下事件:

事件1:建设单位根据外聘专家组的意见,从众多的ERP厂商提供的解决方案中选择出两个方案备选。预计现金流量(NCF)(单位:千元)以及现值系数见表4-1(贴现率为10%)。建设单位要求监理对方案的选择提出监理意见。

表4-1

t	0	1	2	3	4	5
A方案现金净流量(千元)	-20000	8000	7000	6000	5000	4000
B方案现金净流量(千元)	-10000	-10000	6800	6800	6800	6800
复利现值系数	1.00	0.909	0.826	0.751	0.683	0.621
年金现值系数	1.00	0.909	0.736	2.487	3.170	3.791

事件2:网络营销系统的建设有两个方案备选,计算出的各项指标见表4-2。建设单位要求监理对方案的选择提出监理意见。

表4-2

项　　目	A项目	B项目
投资额(千元)	2000	9000
净现值(千元)	1669	1557
内部报酬率(%)	16.04	17.88

事件3:在项目建设过程中,监理发现承建单位的需求调研和分析工作不到位,存在着重大的质量隐患,于是签发监理通知单报承建单位,责令承建单位整改。

[**问题1**](4分)

根据事件1提供的预计现金流量分别计算A、B两方案的净现值,并据以比较选其一。

[**问题2**](4分)

在事件2中,如果这两个方案是互斥的(即同时只能选择一个方案)且无资金限量,你应该如何决策?为什么?

[**问题3**](7分)

监理的做法正确吗?为什么?阐述需求分析的目标和需求分析阶段研究的对象。

2005 年下半年信息系统监理师

案例分析试题(下午)解析及答案

试题一

[问题 1]

不妥之处:

①对省内与省外投标人提出了不同的资质要求。公开招标应平等地对待所有的投标人。

②招标文件发出至提交投标文件截止的时间间隔为 14 天,少于 20 天。根据《招标投标法》的规定:依法必须进行招标的项目,自招标文件开始发出之日起至投标人提交投标文件截止之日止,最短不得少于二十日。

③建设单位与承建单位签订合同的日期已超过法定期限。《招标投标法》规定:招标人和中标人应当自《中标通知书》发出之日起三十日内,按照招标文件和中标人的投标文件订立书面合同。

[问题 2]

《招标投标法》规定适用邀请招标的项目包括:"国务院发展计划部门确定的国家重点项目和省、自治区、直辖市人民政府确定的地方重点项目不适宜公开招标的",经国务院发展计划部门或者省、自治区、直辖市人民政府批准,可以进行邀请招标。

[问题 3]

罚款 2 万元不合适。

理由:根据《招标投标法》的有关规定,对 A 公司的上述违规行为处罚的额度应该在"分包项目金额千分之五以上千分之十以下"。本项目中,分包项目金额是 100 万元,因此罚款金额不能超过 0.01。

根据《招标投标法》的有关规定:违反《招标投标法》规定,将中标项目的部分主体、关键性工作分包给他人的(或分包人再次分包的),转让、分包无效。

[问题 4]

A 公司的做法不正确。

监理公司的建议是妥当的。

理由:这个问题涉及合同条款空缺的解决。根据《合同法》的有关规定,合同生效后,当事人就质量、价款、履行地点等内容没有约定或者约定不明确的,可以协议补充。因此,监理要求 A 公司与建设单位就此问题签订补充协议是正确的做法。

《合同法》还规定,如果合同内容不明确,又不能达成补充协议时可以适用的相关条款是:质量要求不明确的,按照国家标准、行业标准履行。因此,监理的建议也是合理的。

试题二

［问题 1］

监理默认承建单位进入下一阶段的工作是不妥当的。需求规格说明书没有最终用户签字，承建单位擅自决定进入下一阶段，监理应该阻止。

软件需求分析阶段监理的主要任务是对软件需求分析的相关内容（重点是工程需求、功能需求、性能需求、设计约束等）、需求分析过程、需求分析活动、文档格式进行审查，确认是否满足要求；确定其可否作为软件开发的前提和依据。

［问题 2］

①工作 B 进度正常；工作 C 延误 2 天，因其为关键工作，故影响工期 2 天；工作 D 延误 2 天，但共有 3 天的总时差，故不会影响工期，但影响到紧后工作 G 按最早开始时间开始。

②总工期延误 2 天。

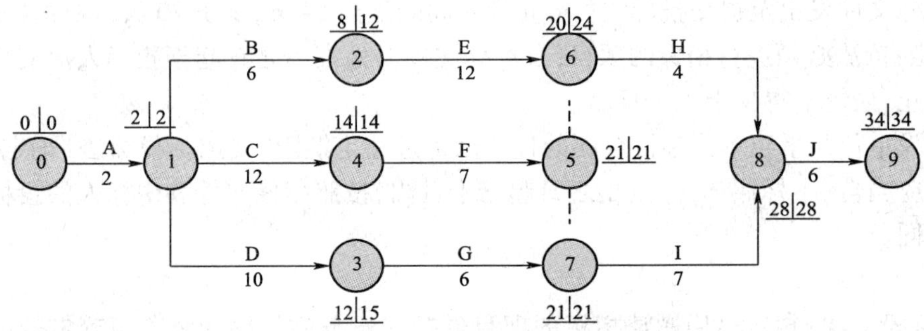

［问题 3］

（1）单元测试报告，包括测试记录、测试结果分析。

（2）软件问题报告单和软件修改报告单。

（3）与软件修改报告单一致的、经过修改的全部源程序代码。

（4）回归测试的测试记录和测试结果。

［问题 4］

不正确。

正确的做法是：承建单位提出验收申请后，监理单位（或总监理工程师）应该首先对其验收计划和验收方案进行审查。主要审查内容包括：①验收目标；②各方责任；③验收内容；④验收标准；⑤验收方式。

试题三

［问题 1］

不妥当。

理由：在分包时，还应由监理单位组织审核分包单位的相关资质是否符合项目要求。要事先征求监理的意见，而不是事后通知。

[问题2]

不妥当,主要有两个问题。

《工程暂停令》应签发给A公司项目组,因B公司项目组和建设单位没有合同关系(或B公司只是A公司的分包单位)。

显然总监理工程师知道违规操作已经造成了质量隐患,而工程质量事故发生后,总监理工程师首先要做的事情是签发《工程暂停令》。

[问题3]

监理单位的做法妥当。

(1)组织措施:落实监理单位进度控制的人员组成,具体控制任务和管理职责分工。

(2)技术措施:确定合理定额,进行进度预测分析和进度统计。

(3)合同措施:合同期与进度协调。

(4)信息管理措施:实行计算机进度动态比较,提供比较报告。

[问题4]

不妥当。

理由:监理方人员原则上不进入工程验收组,避免出现"谁监理谁验收"的状况。

正式验收的一般程序包括以下八个步骤:

(1)承建方作关于项目建设情况、自检情况及竣工情况的报告。

(2)监理方作关于工程监理内容、监理情况以及工程竣工意见的报告。

(3)验收小组全体人员进行现场检查。

(4)验收小组对关键问题进行抽样复核(如测试报告)和资料评审。

(5)验收小组对工程进行全面评价并给出鉴定结果。

(6)进行工程质量等级评定。

(7)办理验收资料的移交手续。

(8)办理工程移交手续。

试题四

[问题1]

$$\begin{aligned}NPV_A &= 8000\times PVIF_{10\%,1}+7000\times PVIF_{10\%,2}+6000\times PVIF_{10\%,3}+5000\times PVIF_{10\%,4}+\\&\quad 4000\times PVIF_{10\%,5}-20000\\&=8000\times0.909+7000\times0.826+6000\times0.751+5000\times0.683+4000\times0.621-20000\\&=(7272+5782+4506+3415+2732)-20000\\&=23707-20000\\&=3707\ \text{千元}\end{aligned}$$

$$\begin{aligned}NPV_B &= 6800\times PVIFA_{10\%,4}\times PVIF_{10\%,1}-(10000+10000\times PVIF_{10\%,1})\\&=6800\times3.170\times0.909-(10000+10000\times0.909)\\&=19594-(10000+9090)\\&=504\ \text{千元}\end{aligned}$$

两个方案的 NPV 都大于 0，都可用，但 $NPV_A > NPV_B$，所以用 A 方案。

[**问题 2**]

选择 A 项目。

理由：在无资金限量的情况下，利用净现值法在所有的投资评价中都能做出正确的决策。而利用内部报酬率在互斥选择决策中有时会做出错误的决定。

[**问题 3**]

监理的做法不正确，签发的监理通知单也应该报建设单位（业主单位）。

需求分析的目标是深入描述软件的功能和性能，确定软件设计的约束和软件同其他系统的接口细节，定义软件的其他有效性需求。

需求分析阶段研究的对象是软件项目的用户要求。包括：必须全面理解用户的各项要求，但又不能全盘接受所有的要求；要准确地表达被接受的用户要求，只有经过确切描述的软件需求才能成为软件设计的基础。

2006年上半年信息系统监理师

案例分析试题（下午）

试题一（9分）

阅读下列说明，回答问题1和问题2，将解答填入答题纸的对应栏内。

［**说明**］

同任何事物一样，软件也有一个孕育、诞生、成长、成熟、衰亡的过程，这就是软件的生存周期，在软件生存周期内对所产生的各种文档、程序和数据进行管理和变更控制的最重要的手段就是进行软件配置管理。

［**问题1**］（6分）

简要说明软件生存周期分哪六个阶段？

［**问题2**］（3分）

对于一般的软件过程来说，应该建立哪三种配置管理库？

试题二（7分）

阅读下列说明，回答问题1和问题2，将解答填入答题纸的对应栏内。

［**说明**］

在机房和综合布线工程实施过程中，对隐蔽工程的监理非常重要，因为隐蔽工程一旦实施完成隐蔽后，再出现问题会耗费很大的工作量，同时会对已经完成的工程造成不良的影响。某承建单位在进行管内穿线作业时，制定了如下的操作规程：

（1）穿在管内绝缘导线的额定电压不应高于380V。

（2）管内穿线应该在建筑物的抹灰、装修以及地面工程结束前进行，在穿入导线前，应该将管子中的积水以及杂物清理干净。

（3）不同系统、不同电压、不同电流类别的线路不能穿进同一根管内，但是可以穿在线槽的同一个孔槽内。

（4）管内导线的总截面积（不包括外层）不应该超过管子截面的40%。

（5）线管进入箱体，宜采用上进线或者设置防水弯以防箱体进水。

（6）使用的传输线路宜选择不同颜色的绝缘导线，以区分功能及正负极。

（7）导线穿入钢管前，在导线的出入口处装护线套保护导线。

［**问题1**］（3分）

综合布线工程包括哪三个主要环节？

[**问题2**](4分)

指出该承建单位制定的操作规程中的不正确之处。

试题三(18分)

阅读下列说明,回答问题1至问题3,将解答填入答题纸的对应栏内。

[**说明**]

某省大型电子政务信息系统工程建设,总投资额度约8000万元,主要包括工程实施标准体系建设、网络平台建设和多个业务部门应用系统开发。建设单位将全过程监理任务委托给某信息系统工程监理公司,并签订了工程建设委托监理合同。

该监理单位建议建设单位采取公开招标方式选取承建单位,由于项目建设的涉及面广、技术难度高,因此在招标公告中要求投标者应具有系统集成一级资质,并规定允许多个独立法人组成联合体进行投标。共有A、B、C、D、E、F、G、H等8家承建单位和承建单位联合体参加投标。

事件1:在委托工程建设监理合同中,对建设单位和监理单位的权利、义务和违约责任所做的某些规定如下:

(1)在实施期间,任何工程变更只要由监理方审核、认可,并发布变更指令方即为有效。

(2)监理方应在建设单位的授权范围内对委托的工程建设项目实施监理。

(3)对承建单位工程设计中的错误或不符合信息工程建设相关规定之处,监理方有权要求承建单位改正。

(4)监理方仅对本工程的质量实施监督控制,建设单位则实施进度控制和投资控制任务。

(5)在任何情况下,监理方在监理工作中都应维护建设单位的利益。

(6)当事人一方要求变更或解除合同时,应当提前通知对方,因解除合同使一方遭受损失的,除依法免除责任的外,应由责任方负责赔偿。

事件2:在开标中,D承建单位联合体是由三家单位联合组成的联合体,其中甲公司是一级集成公司,乙是国家级的标准化研究院,丙是二级系统集成公司。该联合体被认定为不符合投标资格要求,撤销了投标书。

事件3:按照招标文件中确定的综合评价标准,6家投标人(除去两个被取消的投标人后)综合得分从高到低依次顺序为B、H、A、C、G、F,故评标委员会确定投标人B为中标人。由于从报价情况来看,6个投标人的报价从低到高的依次顺序为H、C、B、F、G、A,因此,作为招标人的建设单位又与中标人B就合同价格进行了多次谈判,结果中标人B将价格降到略低于投标人C的报价水平,最终双方在规定要求的期限内签订了书面合同。

[**问题1**](6分)

请指出事件1中的哪几项条款存在不妥之处,为什么?

[**问题2**](6分)

在事件2中,为什么D承建单位联合体被认定不符合投标资格?

[**问题3**](6分)

在事件3中,招标人和中标人的做法是否符合《招标投标法》的有关规定,为什么?

试题四(16 分)

阅读下列说明,回答问题 1 至问题 3,将解答填入答题纸的对应栏内。

[**说明**]

某地区政府部门建设一个面向公众服务的综合性网络应用系统,主要包括机房建设、网络和主机平台建设以及业务应用系统开发,某监理公司承担了该项目的全过程监理任务。在工程项目的实施过程中,发生了如下事件:

事件 1:在监理合同签订后,由于工期紧张,建设单位要求承建单位提前进行应用系统需求调研与分析,同时向监理单位提出对需求调研与分析过程进行质量把关的要求,在此情况下监理单位为满足建设单位要求,决定由参加本项目的现场实施工作的监理工程师编写监理规划并直接报送建设单位,监理规划的部分内容提纲如下:

工程概况

监理的范围、内容与目标

工程专业的特点

监理依据、程序、措施及制度

监理控制的要点目标

监理工具和设施

事件 2:机房建设子项工程的承建单位按照要求,将其根据表 4-1 给定的逻辑关系绘制的双代号网络计划(如图 4-1 所示)提交给监理审核。

表 4-1

工作名称	A	B	C	D	E	G	H	I
紧后工作	C,D	E	G		H,I			

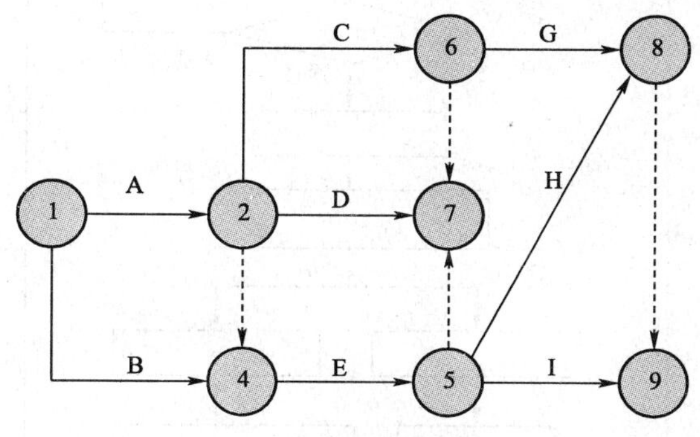

图 4-1

事件 3:在实施监理工作之前,监理与建设单位就"进度控制程序"的实施原则进行了充分沟通并达成一致意见。确定监理采用的进度控制工作程序从监理机构审查承建单位的工程进度计划开始,然后对计划进行跟踪检查、分析(与计划目标的偏离程度),并根据执行情况采取相应的措施。

[**问题 1**](3 分)

在事件 1 中,你认为监理公司在监理规划编制方面是否有不妥之处,为什么?

[**问题 2**](4 分)

如果你是本项目的监理工程师,请指出事件 2 中的绘图错误(在以下选项中选择;错选则本题不得分;少选得部分分)。

A. 节点编号有误　　B. 有循环回路　　C. 有多个起始节点

D. 有多个终止节点　　E. 不符合给定逻辑关系

[**问题 3**](9 分)

根据事件 3 中确定的"进度控制程序"的实施原则,把下列进度控制的工作按照正确的顺序通过给出的框图 4-2 联系起来(将工作序号恰当地填写到框图中),形成进度控制工作程序图。

①基本实现计划目标;

②按进度计划组织实施;

③承建单位编制工程总进度计划填写《工程总进度计划》报审表;

④承建单位编制单体工程、或阶段作业进度计划,填写《项目进度分解计划报审表》;

⑤总监理工程师审查;

⑥总监理工程师签发监理通知指示承建单位采取调整措施;

⑦严重偏离计划目标;

⑧监理工程师对进度实施情况进行跟踪检查、分析;

⑨承建单位编制下一期计划。

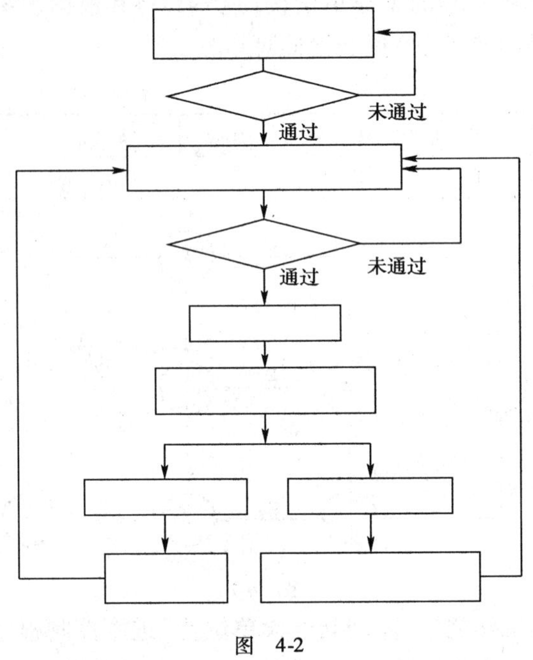

图　4-2

试题五(15 分)

阅读下列说明,回答问题 1 至问题 3,将解答填入答题纸的对应栏内。

[**说明**]

某企业拟建设一个面向生产管理的信息系统,以提高企业的生产管理水平。该项目的建设期为2年,运营期为7年。

在某工程咨询单位编制的项目可行性研究方案中,项目各年预计净现金流量(NCF)、折现系数以及计算出的折现净现金流见表5-1(贴现率为10%)。建设单位要求监理对方案投资的可行性提出监理意见。

表5-1

项目	建设期		投产期						
	1	2	3	4	5	6	7	8	9
净现金流(万元)	-380	-400	-9.00	272.86	272.86	272.86	272.86	272.86	747.86
折现系数	0.9091	0.8264	0.7513	0.6830	0.6209	0.5645	0.5132	0.4665	0.4241
折现净现金流(万元)	-345.46	-330.56	-6.76	186.36	169.42	154.03	140.03	127.29	317.17

[问题1](3分)

根据上表给出的数据,计算项目的净现值(保留小数点两位)并说明项目是否可行。

[问题2](2分)

根据上表给出的数据,计算项目的动态投资回收期。

[问题3](10分)

在信息工程建设项目中,投资理解成进行某项信息工程建设花费的全部费用,可以用图5-1来描述信息工程项目的投资构成。请在信息工程项目投资构成图的空缺处填写恰当内容。

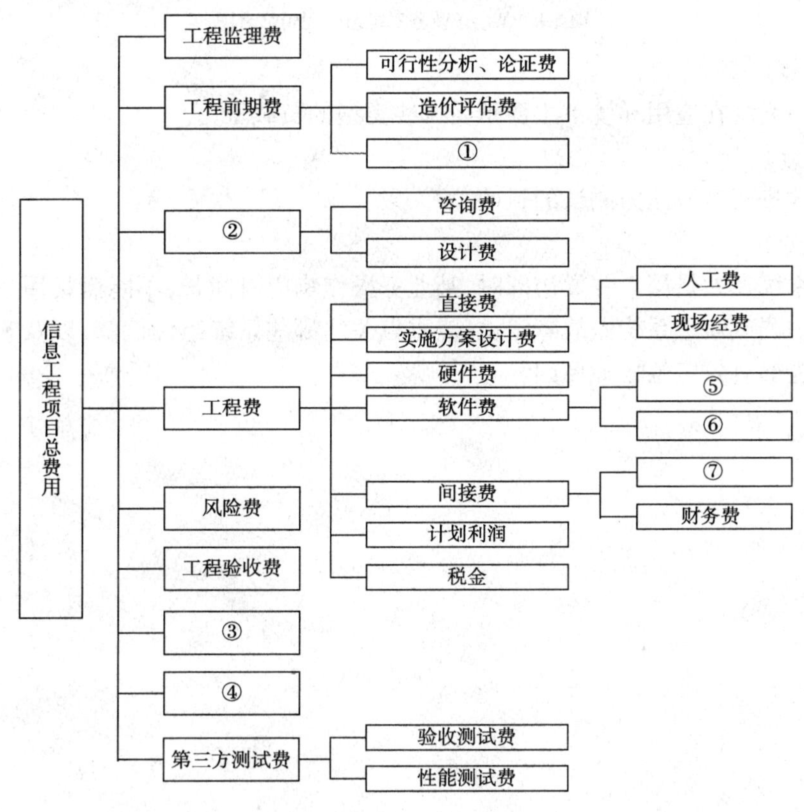

图5-1　信息工程项目投资构成图

试题六(10 分)

阅读下列说明,回答问题 1 至问题 3,将解答填入答题纸的对应栏内。

[**说明**]

测试是信息系统工程质量控制的重要手段,某电子政务系统组件逻辑部署如图 6-1 所示,在系统建设完成之后,用户方提出对该项目进行负载压力性能测试,以验证系统是否满足负载压力性能需求。

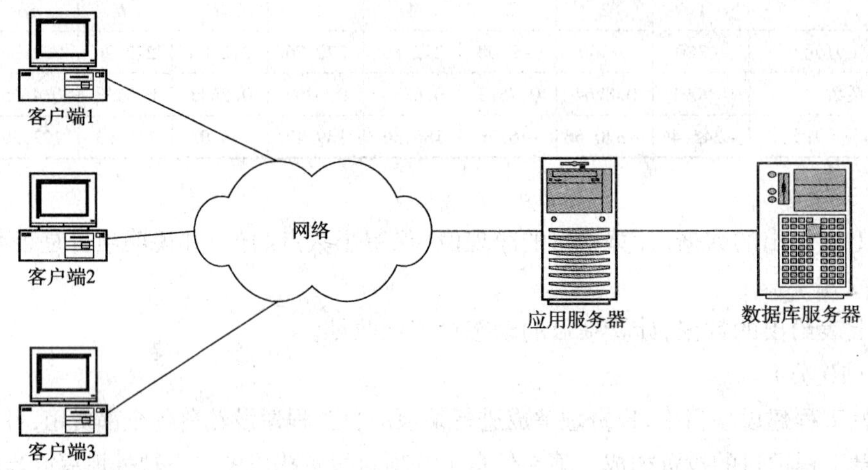

图 6-1 某电子政务系统组件逻辑部署图

[**问题 1**](2 分)

试说明该系统在应用环境下主要承受哪些类型的负载压力。

[**问题 2**](2 分)

简要描述进行负载压力测试的目的。

[**问题 3**](6 分)

假设该系统在大量用户并发访问时,某业务操作响应时间长,不能满足用户需求。现欲通过负载压力测试对该系统做故障定位,应重点关注哪些系统组件性能,以及获取哪些关键性测试指标能够有效定位故障原因?

2006年上半年信息系统监理师

案例分析试题(下午)解析及答案

试题一

[问题1]

软件生存周期大致分软件项目计划、软件需求分析(和定义)、软件设计、程序编码、软件测试以及运行维护六个阶段。

[问题2]

开发库、受控库、产品库。

试题二

[问题1]

包括设备安装、布放线缆和缆线端接三个环节。

[问题2]

规程(1),额定电压不应该高于500V。

规程(2),管内穿线应该在建筑的抹灰、装修以及地面工程结束后进行。

规程(3),不同系统、不同电压、不同电流类别的线路不可以穿在线槽的同一个孔槽内。

规程(4),管内导线的总截面积(包括外护层)不应该超过管子截面的40%。

规程(5),线管进入箱体,宜采用下进线或者设置防水弯以防箱体进水。

试题三

[问题1]

第(1)条不妥。任何工程变更要得到三方的认可,仅有监理单位的审核、认可是不对的。

第(4)条不妥。监理的质量、进度、投资、变更四大控制目标是相互联系的,让监理单位只控制一个目标是不切实际的。

第(5)条不妥。监理单位作为公正的第三方,以批准的建设文件、有关的法律法规以及监理合同和工程建设合同为依据进行监理。因此,监理单位应站在公正立场上行使自己的监理权,既要维护建设单位的合法权益,也要维护被监理单位的合法权益。

[问题2]

《招标投标法》规定:由同一专业的单位组成的联合体,按照资质等级较低的单位确定资质等级。根据这个规定,由D承建单位组成的联合体的资质应该按照丙公司的资质认定,故投标无效,应当取消D承建单位组成的联合体的投标资格。

［问题 3］

不符合。

理由:《中标通知书》发出后,招标人不应与中标人就价格进行谈判。按规定,招标人和中标人应按照招标文件和投标文件订立书面合同,不得再行订立背离合同实质性内容的其他协议。

试题四

［问题 1］

有不妥。

理由:①监理规划应该由总监理工程师组织编写、签发。

②“工程专业的特点、监理控制的要点目标”这两个内容不应包括在监理规划的内容中,应该在监理细则中描述。

③监理规划中应该有“监理项目部的组织结构与人员”方面的内容。

［问题 2］

DE

［问题 3］

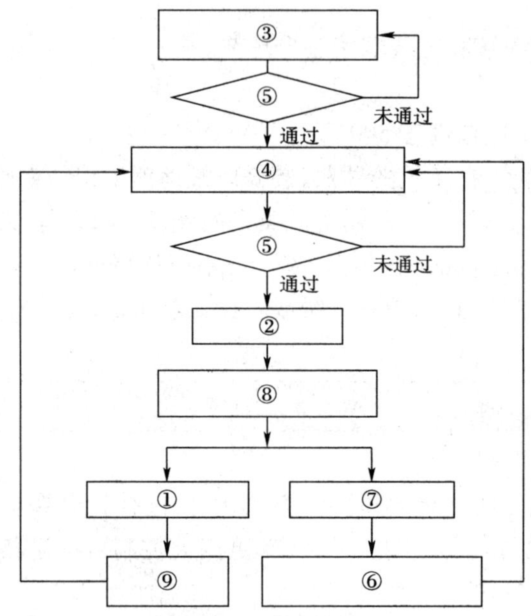

试题五

［问题 1］

项目净现值 =186.36 +169.42 +154.03 +140.03 +127.29 +317.17 -(345.46 +330.56 +6.76) =411.52 万元

项目净现值 >0,方案可行。

［问题 2］

首先计算项目的累计折现净现金流：

累计折现净现金流（万元）	-345.46	-676.02	-682.78	-496.42	-327.0	-172.97	-32.94	94.35	411.52

动态投资回收期 =（8 -1）+（｜-32.92｜/127.29）=7.26 年

［问题 3］

信息工程投资构成图填写内容：①招、投标费用；②咨询/设计费；③系统运行与维护费；④其他费用；⑤开发软件费；⑥系统软件费；⑦企业管理费。

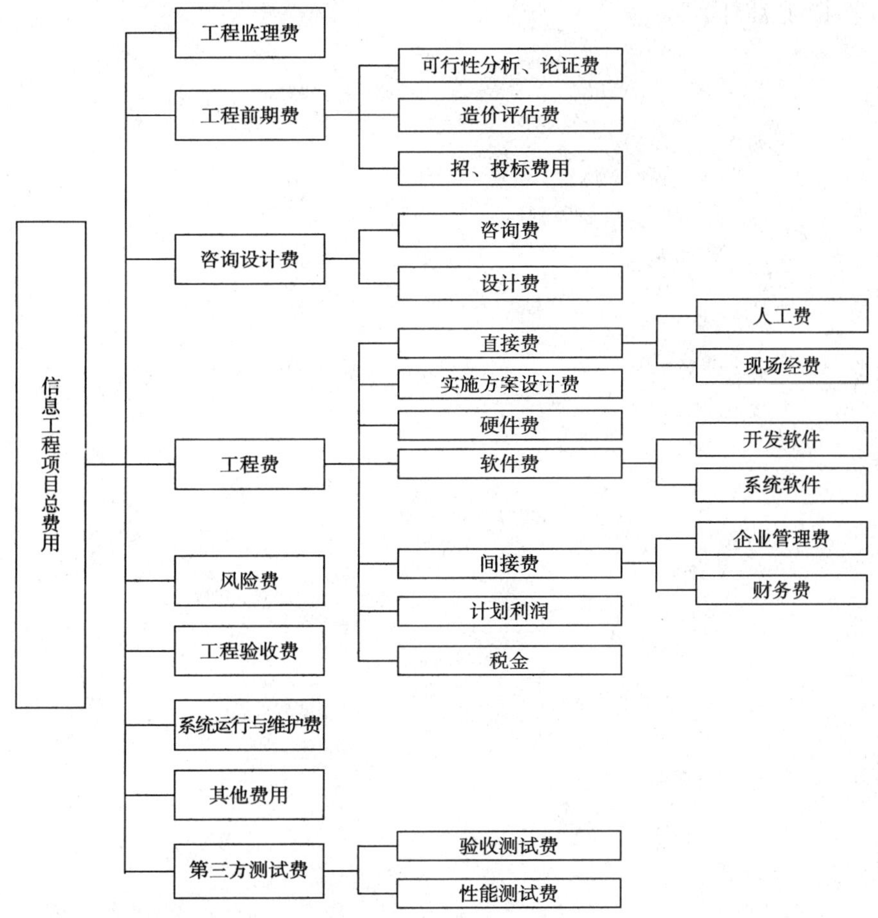

试题六

［问题 1］

并发访问用户数、无故障稳定运行的时间、大数据量操作。

［问题 2］

（1）在真实环境下检测系统性能，评估系统性能是否可以满足系统的性能设计要求。

（2）预见系统负载压力承受力，对系统的预期性能进行评估。

(3)进行系统瓶颈分析、优化系统。

[**问题3**]

应重点关注客户端、网络、服务器(包括应用服务器和数据库服务器)的性能。

应获取的关键测试指标包括:

(1)客户端:并发用户数、响应时间、交易通过率以及吞吐量等。

(2)网络:带宽利用率、网络负载、延迟以及网络传输和应用错误等。

(3)服务器:操作系统的 CPU 占用率、内存使用、硬盘 I/O 等。

数据库服务器的会话执行情况、SQL 执行情况、资源争用以及死锁等,应用服务器的并发连接数、请求响应时间等。

2006年下半年信息系统监理师

案例分析试题(下午)

试题一(20分)

阅读下列说明,回答问题1至问题4,将解答填入答题纸的对应栏内。

[说明]

某大型电子政务信息系统工程建设,总投资额度超过亿元,主要包括工程实施标准体系建设、系统平台建设和多个业务部门应用系统开发。某信息工程监理公司负责该项目的全过程监理。

[问题1](5分)

为了开发高质量的软件,从计划阶段开始,不但需要明确软件的功能,还要明确软件应达到什么样的质量标准,即制定软件的质量目标。在本项目中软件开发所依据的质量标准选择《软件工程　产品质量》(GB/T 16260—2003)。

请选择恰当的内容并将相应的标号填入到以下叙述中的(1)~(6)中。

《软件工程　产品质量》(GB/T 16260—2003)标准中规定了6个内部和外部质量特性及相关的<u>(1)</u>个质量子特性。质量特性包括<u>(2)</u>、<u>(3)</u>、<u>(4)</u>、<u>(5)</u>、可维护性和<u>(6)</u>等。

(1)候选答案:

A. 16　　B. 21　　C. 27　　D. 28

(2)~(6)候选答案:

A. 可靠性　　B. 适应性　　C. 易用性　　D. 可移植性　　E. 一致性　　F. 功能性

G. 依从性　　H. 互操作性　　I. 时间特性　　J. 资源特性　　K. 效率　　L. 安全性

[问题2](6分)

在开发过程的各个阶段,监理的工作任务之一是审核承建单位提交的各类文档。在软件项目的实施中,文档的编制占有突出的地位和相当大的工作量。高质量、高效率地开发、分发、管理和审核文档对于充分发挥软件项目的效益有着重要的意义。为使软件文档能起到多种桥梁的作用,使它有助于程序员编制程序,有助于监理人员监督软件的开发,有助于用户了解和使用软件,有助于维护人员进行有效的修改和扩充,文档的编制必须保证质量。

请从下列关于文档编制的叙述中选出5条正确的叙述(填写相应的标号,答案多于5个本题不得分)。

①可行性研究报告应评述为了合理地达到开发目标而可能选择的各种方案,以便用户抉择。因此,编写者不必提出结论。

②操作手册的编写工作应该在软件测试阶段之前完成。

③软件的开发单位应该建立本单位文档的标识方法,使文档的每一页都具有明确的

标识。

④为了使文档便于修改且保持一致，各文档的内容不应有相互重复的地方。

⑤用户手册要使用专门术语，并充分地描述该软件系统的结构及使用方法。

⑥详细设计说明书中可以使用判定表及必要的说明来表示程序的逻辑。

⑦概要设计说明书中可以使用 IPO 图来说明接口设计。

⑧测试分析报告应把每次实际测试的结果，与软件需求规格说明书和概要设计说明书中规定的要求进行对照并做出结论。

⑨软件需求规格说明书中可以对软件的操作人员和维护人员的教育水平和技术专长提出要求。

⑩项目开发计划除去规定项目开发所需的资源、开发的进度等内容以外，还可以包括用户培训计划。

[**问题 3**]（5 分）

信息系统工程项目是由建设单位、承建单位和监理单位共同实施的，三方的最终目标是一致的，那就是高质量地完成项目。因此，质量控制任务也应该由建设单位、承建单位和监理单位共同完成。三方都应该建立各自的质量保证体系，而整个项目的质量控制过程包括建设单位的质量控制过程、承建单位的质量控制过程和监理单位的质量控制过程。在本项目的建设过程中，监理必须对承建单位的质量保障体系进行审查并监督其执行。

请简要叙述监理过程中对承建单位质量保证体系进行监督和检查的主要内容。

[**问题 4**]（4 分）

本项目中某业务应用子系统项目成员 10 人，预计开发期为 30 天，项目团队集中于某宾馆进行封闭开发。该子系统项目总预算为 150000 元，预算每人每日的成本是：住宿 + 餐饮 + 交通 + 薪水 + … = 500 元。到第 10 天末，监理做了一次项目状态评估：实际上只完成了本应该 8 天完成的工作，总共花费了 45000 元。

根据以上情况，请计算 BCWS、BCWP、ACWP、SV、CV，并对项目的状态做出评估结论。

试题二（17 分）

阅读下列说明，回答问题 1 至问题 4，将解答填入答题纸的对应栏内。

[**说明**]

某市大型电子政务信息系统工程建设，总投资额度 4300 万元，主要是业务应用系统的建设，承建单位和监理单位通过招标选定。在项目实施过程中，发生了如下事件：

事件 1：由于承建单位原因造成正在进行的项目存在质量缺陷，无法按照合同约定的期限完成项目建设。

事件 2：在应用系统子项目建设的需求调研过程中，由于建设单位原因造成需求调研工作累计中断 7 个工作日，使关键路径的实施工作中断。承建单位要求给予工期延长，并且由于延期影响工程总体进度计划，承建单位同时提交了修改后的工程总体进度计划。监理根据对工程情况的分析，确认承建单位要求延长工期的要求具有合理性，在与承建单位协商确认后，由监理工程师对工程延期申请予以签认。

事件3：在软件开发过程中，对业务系统进行了大量的测试，控制图2-1显示了系统测试最初30周积压的未解决问题的报告数目。

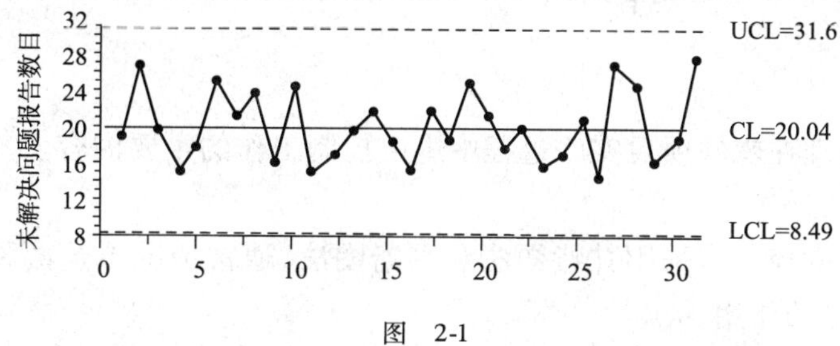

图 2-1

［**问题1**］（4分）

请判断下列对事件1中出现的问题进行责任认定的正确性（填写对或错）。

A. 监理单位、承建单位、建设单位共同分担责任

B. 监理单位不承担责任

C. 属于承建单位违约，承建单位应支付违约金，如造成损失还应支付赔偿金

D. 监理单位应承担部分责任，扣除部分监理费用

［**问题2**］（4分）

监理在事件2中的做法正确吗？为什么？

［**问题3**］（4分）

请根据事件3给出的控制图判断问题解决过程的状态，并回答在这30周中，平均积压的问题有多少个？如果在任何点上超过了上限，就问题解决过程而言，意味着什么？

［**问题4**］（5分）

请列举5种软件测试用例的设计方法。

试题三（10分）

回答下列信息安全方面的问题1和问题2，将解答填入答题纸的对应栏内。

［**问题1**］（5分）

请简要描述信息安全管理的控制过程。

［**问题2**］（5分）

请简要叙述信息安全防范可采取的主要技术措施。

试题四（13分）

阅读下列说明，回答问题1至问题3，将解答填入答题纸的对应栏内。

［**说明**］

软件项目进度控制的目标是在规定的时间内，在保证质量的前提下完成软件系统建设的任务。进度计划是进度控制的基础，便于不同层次的项目管理部门控制进度。

[**问题1**](5分)

按照不同管理层次对进度控制的要求,监理方的进度控制主要分为哪三类?请简要说明。

[**问题2**](3分)

请简要说明监理在软件项目实施过程中进度控制工作的主要内容。

[**问题3**](5分)

软件项目的进度控制常采用甘特图法和网络图法,通常情况下这两种方法需要配合使用,请简要说明各自的作用。

试题五(15分)

阅读下列说明,回答问题1至问题3,将解答填入答题纸的对应栏内。

[**说明**]

某"校校通"工程项目的建设内容包括光纤物理网建设、业务网工程建设、应用服务系统集成、机房建设等内容。

[**问题1**](5分)

在机房工程设计与建设过程中,下述关于机房电源技术指标要求的描述,请说明哪些是错误的,并指出错误之处。

(1)电源规格:电压:220~280VAC,频率:47~63Hz,其他单一谐波不得高于3%。

(2)设备电力总容量是指各单位设备电力容量的总和另加30%的安全容量。

(3)勿将机房电源与下列设备共用同一电源或同一地线,例如电梯、升降机、窗型冷气机、复印机等。

(4)在机房内可以安装适当数量的普通插座,以供维修人员使用,这些插座可以与电源系统共用电源。

(5)配电箱的位置应尽量远离机房,以免受到干扰。

[**问题2**](5分)

光缆布线系统的测试是工程验收的必要步骤。对光缆可进行连通性测试、端—端测试、收发功率测试等。请简要说明上述任意两种测试的测试方法。

[**问题3**](5分)

在整个信息系统中,网络系统是信息和应用的载体。请说明计算机网络系统划分成哪五个平台,并简要说明每个平台包含的主要内容。

2006年下半年信息系统监理师

案例分析试题(下午)解析及答案

试题一

[问题1]

(1)C

(2)~(6)A C D F K

注:(2)~(6)的顺序可以换位。

[问题2]

② ③ ⑥ ⑦ ⑩

即:①错 ②对 ③对 ④错 ⑤错 ⑥对 ⑦对 ⑧错 ⑨错 ⑩对

[问题3]

(1)是否制订明确的质量计划。

(2)是否建立和健全专职质量管理机构。

(3)是否实现管理业务标准化、管理流程程序化。

(4)是否配备必要的资源条件。

(5)是否建立一套灵敏的质量信息反馈系统。

[问题4]

BCWS = 5000 × 10 = 50000 元

BCWP = 5000 × 8 = 40000 元

ACWP = 45000 元

SV = BCWP - BCWS = -10000 元

CV = BCWP - ACWP = -5000 元

结论:该项目拖期,并且超支。

试题二

[问题1]

A.错 B.对 C.对 D.错

[问题2]

有错误。

在这个情况下,错误主要有两个:

(1)监理应该与业主单位和承建单位协商确认,而不能只与承建单位协商确认。

(2)应由总监理工程师对工程延期申请予以签认。

[问题3]

此图表明问题解决过程是平稳的。

平均积压约20个问题(中心线CL等于20.04)。

积压问题的上控制限(UCL)约是32,下控制限(LCL)约是8。如果在任何点上超过了上限,那么这可能就表明问题解决过程中存在问题,也许是有一个特别棘手的缺陷耗费资源,因此导致了问题的堆积。如果想要过程恢复到原来的(特征)行为,就必须采取纠偏行动。

[问题4]

等价类划分、边界值分析、判定表、因果图、错误推测、正交试验、功能图、场景法。

试题三

[问题1]

(1)确认信息安全管理的对象和范围。

(2)分析针对该对象的安全隐患或攻击行为和方式。

(3)划清安全管理等级,落实对应的控制措施。

(4)跟踪检查信息安全落实情况。

(5)持续改进,防漏补缺。

[问题2]

(1)防火墙技术,防止网络外部“敌人”的侵犯。目前,常用的防火墙技术有分组过滤、代理服务器和应用网关。

(2)数据加密技术,防止“敌人”从通信信道窃取信息。目前,常用的加密技术主要有:对称加密算法(例如DES)和非对称加密算法(如RSA)。

(3)入侵监测和漏洞扫描技术。

(4)物理隔离技术,如网闸。

(5)访问限制,主要方法有用户口令、密码、访问权限设置等。

试题四

[问题1]

(1)项目总进度控制。项目总监、总监代表等高层项目监理人员对项目中各里程碑事件的进度控制。

(2)项目主进度控制。主要是项目监理部对项目中每一主要事件的进度控制。在多级项目中,这些事件可能就是各个分项目。

(3)项目详细进度控制。主要是各项目监理小组或监理工程师对各具体作业进度计划的控制。

[问题2]

(1)监控项目的进展。

(2)比较实际进度与计划进度的差别。

(3)监督修改进度计划。

［问题3］

甘特图法可以比对各工作的计划进度和实际进度，能十分清楚地了解计划执行的偏差，以便于对偏差进行处理。

网络图法能过充分提示各工作项目之间的相互制约和相互依赖关系，从中找出关键路径，进行重点控制。

试题五

［问题1］

不正确的是：(1)　(2)　(4)　(5)

(1)电压：180～264VAC。

(2)设备电力总容量是指各单位设备电力容量的总和。

(4)这些插座不宜与电源系统共用电源。

(5)配电箱的位置应尽量靠近机房，并且便于操作。

［问题2］

(1)连通性测试。

在光纤一端导入光线(如手电光)，在光纤的另外一端看看是否有光闪即可。

(2)端—端的损耗测试。

使用一台功率测量仪和一个光源，先将被测光纤的某个位置作为参考点，测试出参考功率值，然后再进行端—端测试并记录下信号增益值，两者之差即为实际端—端的损耗值，用该值与相应标准值相比就可以确定这段光缆的连接是否有效。

(3)收发功率测试。

在发送端，将测试光纤取下，用跳接线取而代之，跳接线的一端为原来的发送器，另一端为光功率测试仪，使光发送器工作，即可以在光功率测试仪上测得发送端的光功率值。

在接收端，用跳接线取代原来的跳线接上光功率测试仪，使发送端光发送器工作，即可以在光功率测试仪上测得接收端的光功率值。

发送端与接收端的光功率之差，就是该光纤链路所产生的损耗。

［问题3］

(1)网络基础平台。包括网络传输、路由、交换、接入系统、服务器及操作系统、存储和备份等系统。

(2)网络服务平台。既包括 DNS、WWW、电子邮件等 Internet 网络服务系统，也包括 VoIP、VOD、视频会议等多媒体业务系统。

(3)网络安全平台。包括防火墙、入侵监测和漏洞扫描、网络防病毒、安全审计、数字证书系统等。

(4)网络管理平台。主要指网络管理系统。

(5)环境平台。包括机房和综合布线系统。

2007年上半年信息系统监理师

案例分析试题(下午)

试题一(18分)

阅读下列说明,回答问题1至问题3,将解答填入答题纸的对应栏内。

[说明]

某企业利用银行贷款进行电子商务工程建设,主要包括ERP系统建设、连接多个分厂的网络平台建设、多个业务部门应用系统开发、机房建设等。建设单位将全过程监理任务委托给某信息工程监理公司,并签订了工程建设委托监理合同。在工程建设过程中,发生了如下事件:

事件1:拟签订的监理合同部分内容如下:

(1)监理单位为本工程项目的最高管理者。

(2)监理单位应维护建设单位的权益。

(3)在合同责任期内,若监理方未按合同要求的职责履行约定的义务,或者委托人违背对监理方(合同约定)的义务,双方均应向对方赔偿造成的经济损失。

(4)当事人一方要求变更或解除合同时,应当在42日前通知对方,因解除合同使一方遭受损失的,除依法免除责任的外,应由责任方负责赔偿。

(5)在实施期间,因监理单位的过失发生重大质量事故,监理单位应付给建设单位相当于质量事故损失的20%的罚款。

事件2:该业主进行电子商务建设的贷款年利率为12%。银行给出两个还款方案:甲方案为第五年末一次偿还5000万元;乙方案为第3年末开始偿还,连续3年每年末偿还1500万元。

[**问题1**](8分)

事件1中所列各条款是否正确?如有不妥之处,怎样才是正确的?

[**问题2**](5分)

针对事件2中银行提出的还款方案,业主要求监理工程师核算一下哪种还款方案优(要求给出计算过程)。

[**问题3**](5分)

下面关于机房接地系统技术方面的要求的描述有一部分是错误的,请指出哪些是错误的,并给出正确的描述。

(1)网络及主机设备的电源应有独立的接地系统,并应符合相应的技术规定。

(2)分支电路的每一条回路都需有独立的接地线,此接地线应直接接地。

(3)配电箱与接地端应通过单独绝缘导线相连;其线径至少需与输入端、电源路径相同,接地电阻应小于 8 Ω。

(4)接地线可使用零线或以铁管代替。

(5)在雷电频繁地区或有架空电缆的地区,必须加装避雷装置。

(6)网络设备的接地系统不可与避雷装置共用,应各自独立,并且其间距应在 10m 以上;与其他接地装置也应有 1.5m 以上的间距。

(7)在有高架地板的机房内,应有 $16mm^2$ 的铜线地网,此地网应直接接地;若使用铝钢架地板,则可用铝钢架代替接地地网。

(8)地线与零线之间所测得的交流电压应小于 1V。

试题二(12 分)

阅读下列说明,回答问题 1 至问题 3,将解答填入答题纸的对应栏内。

[说明]

某信息工程监理机构在信息工程项目的监理工作中,出现了如下的情况:

事件 1:建设单位采取公开招标的方式选定承建单位。2006 年 3 月 6 日招标公告发出后,共有 A、B、C、D、E、F 等 6 家信息系统集成商参加了投标。招标文件规定 2006 年 3 月 30 日为提交投标文件和投标保证金的截止日期,2006 年 3 月 31 日举行开标会。其中,E 单位在 2006 年 3 月 30 日提交了投标文件,并于 2006 年 3 月 31 日提交了投标保证金。经过对这 6 家单位进行评标等过程,于 2006 年 4 月 5 日确定了 D 为中标人,随即发出了《中标通知书》。

事件 2:承建单位开始实施项目后一个月,建设单位因机构调整,口头要求承建单位暂停实施工作,承建单位亦口头答应停工一个月。项目按照合同规定的期限进行初验时,监理和承建单位发现项目质量存在问题,要求进行完善。两个月后,项目达到合同约定的质量要求。竣工时,建设单位认为承建单位延迟交付项目,应偿付逾期违约金。承建单位认为,建设单位要求临时停工并不得顺延完工日期,承建单位抢工期才出现了质量问题,因此迟延交付的责任不在承建单位。建设单位则认为:临时停工和不顺延工期是当时承建单位答应的,其应当履行承诺,承担违约责任。

[问题 1](4 分)

在上述招标投标过程中,有哪些不妥之处?请说明理由?

[问题 2](3 分)

从招标投标的性质看,在事件 1 中,招标文件、投标文件、中标通知书与要约、承诺、要约邀请的对应关系是什么?(对应关系请用连线标注在下图上)

要约	招标文件
承诺	投标文件
要约邀请	中标通知书

[问题 3](5 分)

作为监理工程师你认为事件 2 中,承建单位应当承担违约责任吗?请说明原因。

试题三(15 分)

阅读下列说明,回答问题 1 至问题 3,将解答填入答题纸的对应栏内。

[**说明**]

某机关网络系统工程改造项目,建设内容包括网络工程建设、应用服务系统集成、综合布线与机房建设等内容,经建设单位同意及监理审查确认后,甲承建单位选择了乙承建单位作为分包单位,承担机房与综合布线建设任务。监理实施过程中,在方案设计选优、选备选型、现场旁站、工程深化设计、工程实施、工程测试、验收以及技术培训等方面实施全过程监理服务。

[**问题 1**](5 分)

在网络工程实施中,有两台网络交换机需要进行级联,但不能使用以太交换机的级联口。工程人员需要按照 EIA/TIA 568 标准制作级联双绞线,并且一端已经制作完成,线序表 3-1。请根据给定条件填写表中的待制作端线序,并回答表中提出的问题(填写到问题下的空白处)。

表 3-1

级联线已完成端			级联线待制作端		
序号	已完成端线序	已完成端采用的标准	序号	待制作端线序	待制作端采用的标准
1	橙白		1		
2	橙		2		
3	绿白		3		
4	蓝		4		
5	蓝白		5		
6	绿		6		
7	棕白		7	棕白	
8	棕		8	棕	

[**问题 2**](5 分)

布线系统安装结束后监理应及时督促承建单位完成光纤和 UTP 的测试。请列出至少 5 项 UTP 测试项。

[**问题 3**](5 分)

在项目实施过程中,甲承建单位的资金出现困难,无法按分包合同约定支付乙承建单位工程款。乙承建单位向项目监理机构提出了支付申请。项目监理机构受理并征得建设单位同意后,即向乙承建单位签发了由建设单位付款的凭证。请指出监理的上述做法是否妥当?指出妥当或不妥当之处并给出理由。

试题四(15 分)

阅读下列说明,回答问题 1 至问题 3,将解答填入答题纸的对应栏内。

[**说明**]

对应用软件系统建设过程的监理是信息化工程建设的重要组成部分。

[**问题1**](5分)

承建单位在签署合同后,针对工程实际情况,制订了工作计划网络图(如图4-1所示)。在实际开发过程中,G工作因为发现问题较多,需要进行代码修改和回归测试的工作量较大,从而造成G工作用了6个月才完成。请问:G工作的拖期是否会影响整个工程的工期?为什么?

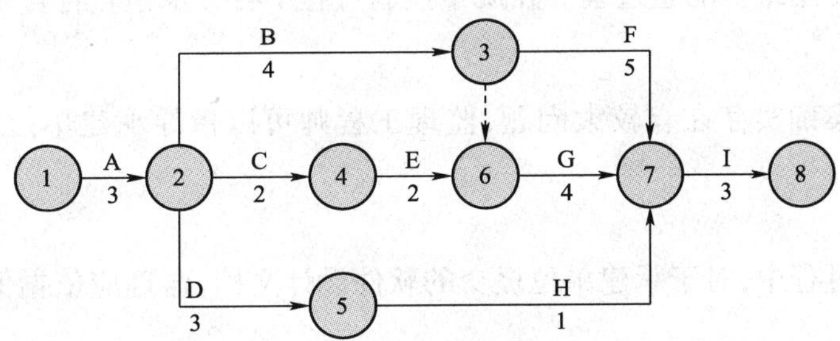

图 4-1

注:图中时间单位为"月"。其中:A为需求调研;B为数据库设计;C为业务逻辑设计;D为用户界面设计;E为应用编码;F为数据加载及压力测试;G为应用集成测试;H为界面优化及测试;I为系统整体试运行。

[**问题2**](5分)

请指出下面关于软件项目建设有关的标准和文档的叙述是否正确(填写对或错,每个选项0.5分)。

(1)国家标准是由政府或国家级机构制定或批准,适用于全国的标准。这些标准都是强制性的,相关产品必须严格执行标准。

(2)ISO 9001是设计、开发、生产、安装和服务中的质量保证标准,ISO 9000-3是使ISO 9001适合于软件的质量保证指南。

(3)软件工程标准化可提高软件的生产率。

(4)软件质量保证体系是贯穿于整个软件生存期集成化过程体系,而不仅仅体现在最后产品的检验上。

(5)软件维护是一件简单的不具备创造性的工作。

(6)软件测试计划始于需求分析阶段,完成于软件设计阶段。

(7)任何一个文档都应具有完整性、独立性。

(8)在新文档取代旧文档后,管理人员应随即删去旧文档。

(9)软件开发机构应保存一份完整的主文档,并允许开发人员可以保存主文档中的一部分。

(10)软件需求分析报告是给开发人员使用的,不是给其他人员,如维护人员、用户等使用的。

[**问题3**](5分)

在项目进行验收时,承建单位提交给建设单位的部分文本资料是英文版本,建设单位要求承建单位提交的最终文档必须是中文版本,且由于翻译造成的时间延误以及增加的项目开销均由承建单位自行承担。请问建设方的要求是否合理?为什么?

试题五(15 分)

阅读下列说明,回答问题 1 至问题 3,将解答填入答题纸的对应栏内。

[**说明**]

承建单位于 2006 年 6 月与建设单位签订了某应用软件开发项目承建合同,工期半年。合同规定软件开发过程的质量要求遵循国家有关标准。对于监理来说,信息工程建设最终实现质量目标至关重要,对于建设各方来说质量控制贯穿在项目可行性研究、设计、开发、实施、验收、启用及使用维护的全过程。在质量控制过程中各方承担着各自不同的质量责任。

[**问题 1**](5 分)

如果设计方案确实存在有较大问题,监理工程师可以指导承建单位进行改进设计吗?为什么?

[**问题 2**](5 分)

在项目实施过程中,对于承建单位提交的软件设计文档,监理应依据何种标准审核?审核要点是什么?

[**问题 3**](5 分)

在验收工作中,验收委员会(专家组)的主要权限是什么?如果该应用软件开发项目未通过验收该怎么处理?

2007年上半年信息系统监理师

案例分析试题(下午)解析及答案

试题一

[问题1]

第(1)条不妥。监理单位虽然受建设单位委托就工程的实施对承建单位进行全面的监督、管理,但某些重大决策问题还必须由业主做出决策。因此,监理单位不是也不可能是工程项目建设的最高管理者。

第(2)条不妥。监理单位应作为公正的第三方。监理单位要维护建设单位的合法权益,不是所有的权益,同时监理单位也要维护被监理方的合法权益。

第(3)条正确。

第(4)条正确。

第(5)条不妥。因监理单位过失造成了建设单位的经济损失,应当向建设单位赔偿。累计赔偿总额不应超过监理报酬总额。

[问题2]

甲方案第5年末还款5000万元,以此为标准计算一下乙方案到第5年末的还款值。

按照复利终值计算公式:

$$F = 1500(1+12\%)^2 + 1500(1+12\%) + 1500 = 5061.6 \text{ 万元}$$

或按照等额年金终值公式计算得出同等的数字。

结论:按照甲方案还款优。

[问题3]

(2)错。正确的是分支电路的每一条回路都需有独立的接地线,并接至配电箱内与接地总线相连。

(3)错。正确的是小于4 Ω。

(4)错。正确的是接地线不可使用零线或以铁管代替。

(6)错。正确的是网络设备的接地系统与其他接地装置应有4米以上的间距。

试题二

[问题1]

不妥之处:

(1)投标文件的截止日期是3月30日,与举行开标会的日期(3月31日)不是同一时间。理由是:按照《招标投标法》的规定,开标应当在招标文件确定的提交投标文件截止时间的同一时间公开进行。

(2)E单位的投标文件应当被认为是无效投标而予以拒绝。理由是:因为招标文件规定的投标保证金是投标文件的组成部分,因此,对于未能按照要求提交投标保证金的投标(包括期限),招标单位将视为不响应投标而予以拒绝。

[问题2]

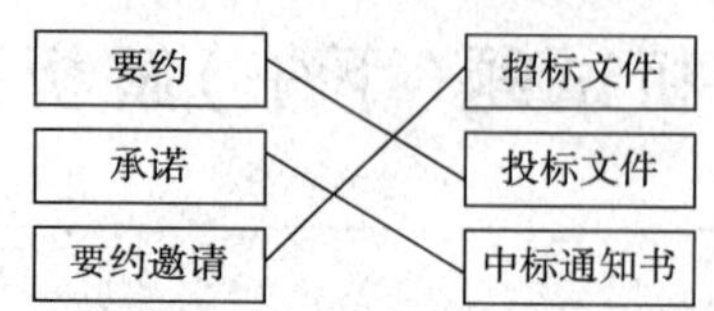

在本案例中,要约邀请是指招标人的招标文件,要约是投标人的投标文件,承诺是招标人发出的《中标通知书》。

[问题3]

承建单位应当承担违约责任。

原因:原合同有效,变更无效。《合同法》规定,变更合同应当采取书面形式,本案中建设单位要求临时停工并不得顺延工期,是建设单位与承建单位的口头协议;其变更协议的形式违法,是无效的变更,双方仍应按照原合同规定执行。

试题三

[问题1]

级连线已完成端			级连线待制作端		
序号	已完成端线序	已完成端采用的标准	序号	待制作端线序	待制作端采用的标准
1	橙白	EIA/TIA 568B	1	绿白(0.5分)	EIA/TIA 568A
2	橙		2	绿(0.5分)	
3	绿白		3	橙白(0.5分)	
4	蓝		4	蓝(0.5分)	
5	蓝白		5	蓝白(0.5分)	
6	绿		6	橙(0.5分)	
7	棕白		7	棕白	
8	棕		8	棕	

[问题2]

UTP测试包括链路长度、连线长度、连通、接线方式(开路、短路、异位)、信号衰减、信号串扰、近端串扰、远端串扰、SRL、回波损耗、特性阻抗、衰减串扰化等性能指标的双向测试,所有指标应符合规范。

[问题3]

不妥。

不妥之处在于:项目监理机构受理乙承建单位的支付申请,并签发付款凭证。理由是,乙承建单位和建设单位没有合同关系。

试题四

[问题1]

该项目的计算工期为15个月。

G项任务拖期后,关键路径发生了改变,成为1→2→4→6→7→8,对整个工期产生了影响,工期变为16个月。

[问题2]

(1)错 (2)对 (3)对 (4)对 (5)错 (6)对 (7)对 (8)错 (9)对 (10)错

[问题3]

应当根据合同(包括招标文件及投标文件等)进行确认,如果在合同中明确规定提交的文件应当是中文版本,则建设单位提出的要求是合理的,否则是不合理的。

试题五

[问题1]

不可以。

理由:监理工程师不能做超出其职权范围的事宜,使自己承担不必要的责任。

[问题2]

审核内容是否符合国家标准《计算机软件产品开发文件汇编指南》中关于设计文档的编写标准。

审核的要点是:清晰性、完整性、依从性、一致性、可行性、数据使用、功能性、接口、可维护性、可靠性、易测性、可追溯性。

[问题3]

主要权限:

(1)有权要求业主单位、监理单位及承建单位对开发过程中的有关问题进行说明;

(2)决定软件是否通过验收。

承建单位根据验收评审意见修复有关问题、重新进行验收,或者转入合同争议处理程序。

2007 年下半年信息系统监理师

案例分析试题(下午)

试题一(18 分)

阅读下列说明,回答问题 1 至问题 3,将解答填入答题纸的对应栏内。

[说明]

建设单位采取公开招标的方式选定承建单位,有 A、B、C 三家信息系统集成商参加了投标。在招标过程和合同签订过程中,发生了如下事件:

事件 1:招标文件中规定:评标采用最低评标价中标的原则;工期不得长于 18 个月,若投标人自报工期少于 16 个月,在评标时将考虑其给建设单位带来的收益,折算成综合报价进行评标。

事件 2:投标人 C 按照招标文件的要求,将技术和商务标书分别封装,在封口上加盖本单位公章并且由法定代表人签字后,在投标截止日期前 1 天上午将投标文件送达招标代理机构。次日(即投标截止日当天)下午,在规定的开标时间前 1 小时,投标人 C 又向招标人递交了一份补充材料,声明将原来的投标报价降低 4%。但是,招标代理机构的有关工作人员认为,根据国际上"一标一投"的惯例,一个投标人不得递交两份投标文件,因而拒绝投标人 C 的补充材料。

事件 3:假如贷款月利率为 1%,各单项工程完成后付款,在评标时考虑工期提前给建设单位带来的收益为每月 20 万元。三家单位投标书中与报价和工期有关的数据见表 1-1(三个单项工程是按照机房工程、应用开发和安装调试顺序进行实施的,表中搭接时间是指后项工程与前项工程的重叠时间,例如投标单位 A 应用开发在进行到 7 个月的时候,安装调试工作可以开始)。表 1-2 是复利现值系数表。

投标单位投标书中的有关数据　　表 1-1

投标单位	机房工程		应用开发		安装调试		安装调试与应用开发搭接时间(月)
	报价(万元)	工期(月)	报价(万元)	工期(月)	报价(万元)	工期(月)	
A	360	3	900	9	1100	6	2
B	400	4	1050	8	1080	6	2
C	380	3	1080	8	1000	6	2

复利现值系数表　　表 1-2

N	1	2	3	4	5	6	7	8	9	10
I	0.990	0.980	0.970	0.960	0.951	0.942	0.932	0.923	0.914	0.905
N	11	12	13	14	15	16	17	18	19	20
I	0.896	0.887	0.878	0.869	0.861	0.852	0.844	0.836	0.827	0.819

[**问题1**](6分)

请回答事件1中招标文件中的规定是否合理并给出理由。根据《招标投标法》的规定,中标人的投标应符合哪两个条件?

[**问题2**](5分)

招标代理机构有关工作人员拒绝接受投标人C补充材料的做法正确吗?为什么?

[**问题3**](7分)

每个投标人的总工期是多少?在考虑资金时间价值的情况下,应选择哪家单位中标?(请利用表1-2进行计算)

试题二(12分)

阅读下列说明,回答问题1至问题3,将解答填入答题纸的对应栏内。

[**说明**]

某企业进行企业信息化工程建设,主要包括综合布线工程、网络与主机平台建设、应用系统开发。

[**问题1**](4分)

综合布线系统一般由哪几个子系统组成?请列出。

[**问题2**](5分)

请简要叙述采购设备到货监理的工作重点。

[**问题3**](3分)

常用的质量控制基本工具中,统计方法除排列图外还有哪些图?请叙述其主要用途。

试题三(17分)

阅读下列说明,回答问题1至问题3,将解答填入答题纸的对应栏内。

[**说明**]

某监理单位承担了一个信息工程项目全过程的监理工作。在讨论制订监理规划的会议上,监理单位人员对编制监理规划提出了构思并据此进行编写,用以指导监理工作的开展。

监理工程师在审核建设单位(甲方)和承建单位(乙方)的工程实施合同草稿(合同草稿由乙方拟订)条款后,指出其中某些条款存在不妥之处。

在进行网络系统安装调试时,出现了质量事故。经查明,质量事故的原因属实施人员违反操作规程,致使核心交换机的一块板卡被毁坏。承建单位项目管理人员已承担责任并及时更换了该板卡,并希望监理方不报告业主,以维护承建单位和监理单位的信誉。监理方出于多方考虑,接受了承建单位的建议。

[**问题1**](6分)

请回答编写监理规划的主要依据是什么。

[**问题2**](6分)

下述为甲、乙方草拟合同中的有关条款,请指出其不妥当之处并说明原因:

(1)在终审验收前,监理机构对乙方承担的软件项目进行确认测试,测试结果合格,是乙方承担的软件项目进行终验的必要条件之一。

(2)乙方按照监理方批准的实施方案组织实施,乙方不承担因此引起的工程延期责任和质量责任。

[**问题3**](5分)

针对网络系统安装调试时出现的质量事故,有人认为现场的监理方也有一定的责任,正确吗?请说明原因。监理方未将事故发生的情况告诉业主的做法正确吗?请说明原因。

试题四(14分)

回答问题1至问题3,将解答填入答题纸的对应栏内。

[**问题1**](5分)

某计算机系统设备安装工程双代号网络计划如图4-1所示。该图中已标出每个节点的最早时间和最迟时间,请判断对图4-1的解释是正确的还是错误的,并填写表4-1(在判断栏中,正确的填写"√",错误的填写"×")。

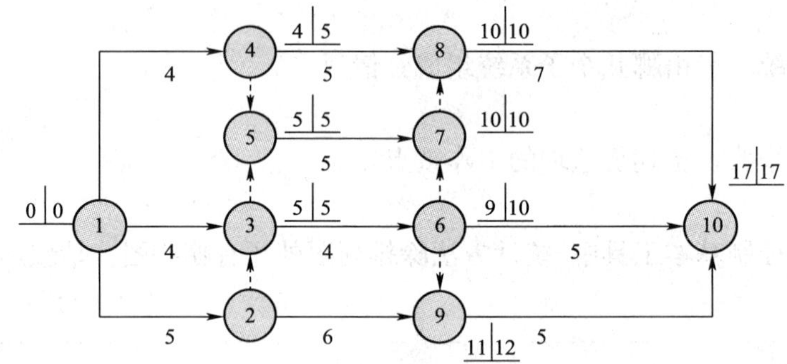

图4-1 双代号网络计划图

对图4-1的解释的判断 表4-1

对图4-1的解释	判 断
A. 工作1→3为关键工作	
B. 工作1→4的总时差为1	
C. 工作3→6的自由时差为1	
D. 工作4→8的自由时差为0	
E. 工作6→10的总时差为3	

[**问题2**](5分)

请指出下面关于软件可维护性的有关叙述是否正确(填写对或错,每个选项0.5分)。

(1)在进行需求分析时需同时考虑如何实现软件可维护性问题。

(2)完成测试作业后,为了缩短源程序的长度应删去程序中的注解。

(3)尽可能在软件生产过程中保证各阶段文档的正确性。

(4)编程时应尽可能使用全局变量。

(5)在程序易修改的前提下,选择时间效率和空间效率尽可能高的算法。

(6)尽可能考虑硬件的备件的供应。

(7)重视程序结构的设计,使程序具有较好的层次结构。

(8)使用维护工具或支撑环境。

(9)在进行概要设计时应加强模块间的联系。

(10)提高程序的可读性,尽可能使用高级语言编写程序。

[**问题3**](4分)

请指出图4-2示的排列图中有哪些错误。

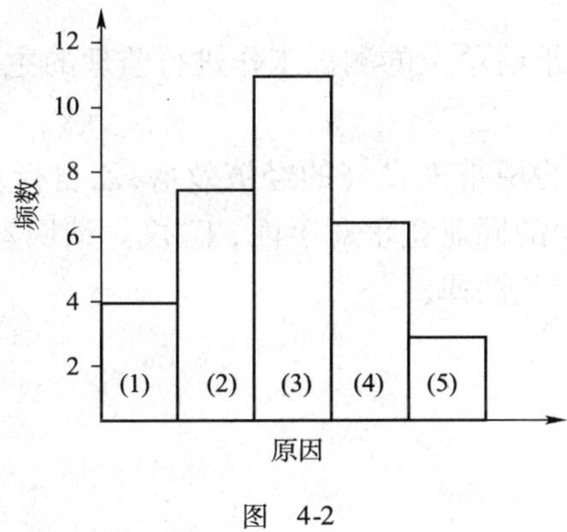

图 4-2

图中:

(1)开发设备保养差,有故障,效率低。

(2)测试设备配置数量不够。

(3)开发人员离职情况严重。

(4)其他原因。

(5)开发模式不合理。

试题五(14分)

阅读下列说明,回答问题1至问题3,将解答填入答题纸的对应栏内。

[**说明**]

建设单位甲于2005年2月与承建单位乙签订了某企业信息化应用软件开发项目承建合同,工期1年。合同中约定开发的应用软件最终形成产品供甲及其下属单位使用,并约定软件著作权全部归甲方拥有。对于监理来说,信息工程建设最终实现质量目标非常重要;对于建设各方来说,质量控制贯穿在项目可行性研究、设计、开发、实施、验收、启用及使用维护的全过程。在质量控制过程中各方承担着各自不同的质量责任。

[**问题1**](4分)

测试是信息工程监理质量控制的主要方法与手段。软件测试是与开发紧密相关的一系列有计划的系统性活动。软件测试需要用测试模型去指导实践。软件测试专家通过测试实践总结出了很多很好的模型。V模型是最具有代表意义的测试模型,请将开发活动与相应的测试活动用连线连接。

开发活动	测试活动
用户需求	确认测试与系统测试
需求分析与系统设计	单元测试
概要设计	验收测试
详细设计	集成测试

[**问题2**](5分)

请简要叙述监理单位对承建单位的测试工作进行监理的主要内容。

[**问题3**](5分)

该应用软件投入运行后为甲带来良好的经济效益,乙自行对该软件作品进行了提高和改善,形成新版本销售给了甲的同业竞争对手丙、丁、戊。请回答:乙单位的行为是否构成侵权,为什么?依据的是哪些相关法律?

2007年下半年信息系统监理师

案例分析试题(下午)解析及答案

试题一

[问题1]

合理。(1分)

理由:因为该招标规定没有违反任何法律、法规的规定。(1分)

《招标投标法》第四十一条规定:中标人的投标应当符合下列条件之一。

(一)能够最大限度地满足招标文件中规定的各项综合评价标准;(2分)

(二)能够满足招标文件的实质性要求,并且经评审的投标价格最低;但是投标价格低于成本的除外。(2分)

[问题2]

不正确。(1分)

招标代理机构的有关工作人员不应拒绝接受投标人C的补充材料。

理由:《招标投标法》规定:投标人C在投标截止时间之前所递交的任何正式书面文件都是有效文件(都是投标文件的有效组成部分)(3分)。补充文件与原有投标文件共同组成一份投标文件,而不是两份相互独立的投标文件(1分)。

[问题3]

A的总工期为:$3+9+6-2=16$月(1分)

A的综合报价 $=360\times PVIF_{1\%,3}+900\times PVIF_{1\%,12}+1100\times PVIF_{1\%,16}$

$=360\times 0.970+900\times 0.887+1100\times 0.852$

$=2084.7$ 万元(1分)

B的总工期为:$4+8+6-2=16$月(1分)

B的综合报价 $=400\times PVIF_{1\%,4}+1050\times PVIF_{1\%,12}+1080\times PVIF_{1\%,16}$

$=400\times 0.960+1050\times 0.887+1080\times 0.852$

$=2235.51$ 万元(1分)

C的总工期为:$3+8+6-2=15$月(1分)

C的综合报价 $=380\times PVIF_{1\%,3}+1080\times PVIF_{1\%,12}+1000\times PVIF_{1\%,15}-20\times PVIF_{1\%,15}$

$=380\times 0.970+1080\times 0.887+1000\times 0.861-20\times 0.861$

$=2170.34$ 万元(1分)

因此,A单位评标价最低,应选A单位为中标人。(1分)

试题二

[问题1]

工作区子系统、水平子系统、管理间子系统、垂直干线子系统、设备间子系统、建筑群子系统。(每列出一个得1分,最高4分)

[问题2]

(1)设备是否与工程量清单所规定的设备(系统)规格相符;(1分)

(2)设备是否与合同所规定的设备(系统)清单相符;(1分)

(3)设备合格证明、规格、供应商保证等证明文件是否齐全;(1分)

(4)设备等要按照合同规定准时到货;(1分)

(5)配套软件包(系统)是否是成熟的、满足规范的。(1分)

[问题3]

(1)直方图法。其作用是:判断生产过程的稳定性,以实现对工序质量的动态控制。

(2)因果分析图法。其作用是:将引发事故的重要因素分层(枝)加以分析。

(3)控制图法。其作用是:通过观察图形来判断产品的生产过程的质量状况。

(4)散列图(散布图、相关图)法。其作用是:寻求两个质量特性间的相互关系,以及关系的密切程度。

(5)检查表。其作用是:质量检查表主要用于控制质量、分析质量问题、检验质量、评定质量。

(6)流程图。其作用是:将一个过程(如测试过程、检验过程、质量改进过程等)的步骤用图的形式表示出来。

(每列出一个得1分,最高3分)

试题三

[问题1]

(1)与信息系统工程建设有关的法律、法规及项目审批文件等。(1.5分)

(2)与信息系统工程监理有关的法律、法规及管理办法等。(1.5分)

(3)与本工程项目有关的标准、设计文件、技术资料等,其中标准应包含公认应该遵循的相关国际标准、国家或地方标准。(1.5分)

监理大纲、监理合同文件以及与本项目建设有关的合同文件。(1.5分)

[问题2]

第(1)条不妥当之处在于:甲乙双方的合同中不应当涉及给第三方安排任务(2分),根据我国合同法的相关规定,会造成该条款甚至合同无效(1分)。

第(2)条不妥当之处在于:乙方的实施方案不合理无论如何都要向甲方承担责任(2分),至于监理方未检查出实施方案的不合理之处,需要承担责任不是本合同应当关注的问题(1分)。

[问题3]

(1)监理方没有责任。(1分)

理由:因为实施的直接指挥者是承建单位,而监理方只对网络系统的安装调试相关检查点进行检查,乙方当然要对违反操作规程所造成的后果负责任。(1.5 分)

(2)不正确。(1 分)

理由:监理应当将检查结果(特别是质量事故)报告给业主。(1.5 分)

试题四

[问题 1]

对图 4-1 的解释的判断

对图 4-1 的解释	判 断
A. 工作 1→3 为关键工作	×
B. 工作 1→4 的总时差为 1	√
C. 工作 3→6 的自由时差为 1	×
D. 工作 4→8 的自由时差为 0	×
E. 工作 6→10 的总时差为 3	√

[问题 2]

正确的叙述有:(3)(5)(7)(8)(10)。

[问题 3]

该排列图的错误是:

(1)未按原因从大到小排列。(2 分)

(2)未画出各项原因的累积频率曲线。(1 分)

(3)未做出主、次和一般原因的 ABC 分类。(1 分)

试题五

[问题 1]

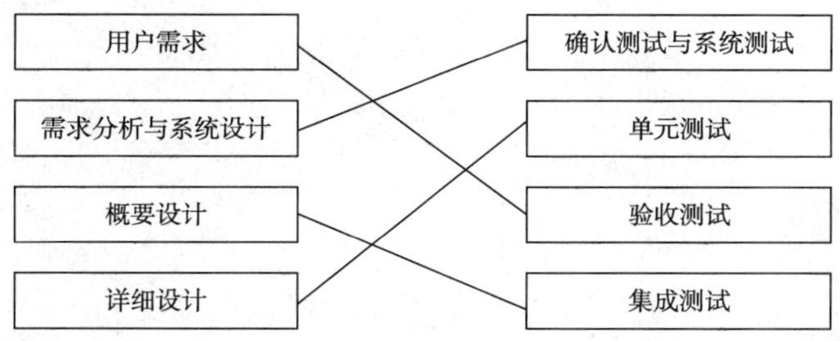

[问题 2]

(1)督促承建单位建立项目测试体系,成立独立的测试小组。(1 分)

(2)督促承建单位制定全过程的测试计划,从项目需求分析阶段开始,直到项目结束,要进行不间断的测试,并且随着项目的进展,制定分系统的测试计划和详细的测试方案。(1 分)

(3)对测试方案和测试计划进行审核,对承建单位选择的测试工具的有效性进行确认。

(1 分)

(4)对测试结果的正确性进行审查。(1 分)

(5)对测试问题的改正过程进行跟踪。(1 分)

[**问题 3**]

构成侵权。(1 分)

理由:因为甲、乙的合同约定软件著作权全部归甲方拥有,所以乙不享有该软件作品的所有权。(2 分)

主要依据的是《中华人民共和国合同法》、《中华人民共和国计算机软件保护条例》、《中华人民共和国著作权法》。(说出 1 个给 1 分,最多 2 分)

2008 年上半年信息系统监理师

案例分析试题(下午)

试题一(15 分)

阅读下列说明,回答问题 1 至问题 3,将解答填入答题纸的对应栏内。

[说明]

某监理单位承担了某网络工程项目全过程的监理工作。在项目实施过程中,发生了如下事件:

事件 1:该项目的分项工程之一的机房建设可分解为 15 个工作(箭头线表示)。根据工作的逻辑关系绘出的双代号网络图如图 1-1 所示,监理工程师在第 12 天末进行检查时,A、B、C 三项工作已完成,D 和 G 工作分别实际完成 5 天的工作量,E 工作完成了 4 天的工作量。

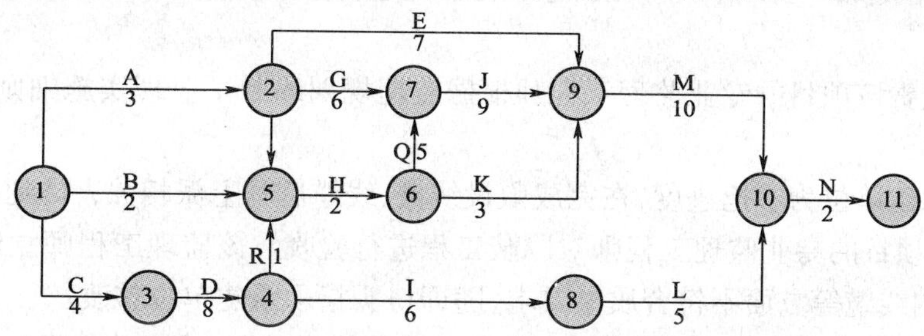

图 1-1 双代号网络图

事件 2:由于项目已经无法按照原进度计划实施,建设单位要求承建单位编制相关变更文件,并授权项目监理机构就进度变更引起的有关问题与承建单位进行协商。项目监理机构在收到承建单位提交的进度计划变更文件后,经研究对其今后工作安排如下:

(1)由总监理工程师负责与承建单位进行工期问题的协商工作。

(2)要求承建单位调整进度计划,并报建设单位同意后实施。

(3)针对承建单位进度计划的调整,需要对监理规划进行相应修订,由总监理工程师代表主持修订工作。

(4)由负责合同管理的专业监理工程师全权处理合同变更和可能出现的合同争议。

事件 3:在项目实施过程中,由于承建单位的原因使得建设单位和承建单位之间产生合同争议。监理机构及时进行调查、取证和调解,并在调解失败的情况下向合同约定的仲裁委员会申请仲裁。

[问题 1](6 分)

针对事件 1:

(1)按工作最早完成时间计,D、E、G 三项工作各推迟了多少天?

(2)根据图1-1给出的参数,机房建设原来计划的总工期是多少天?

(3)D、E、G三项工作中,哪些工作对工程如期完成会构成威胁?该威胁使工期推迟多少天?

[**问题2**](5分)

针对事件2,指出在协商变更进度过程中项目监理机构的(1)、(2)、(3)和(4)的安排是否妥当。对于你认为的不妥之处请写出正确做法。

[**问题3**](4分)

针对事件3,回答监理机构的做法是否正确。对于你认为的不妥之处请说明理由和正确的做法。

试题二(15分)

阅读下列说明,回答问题1至问题3,将解答填入答题纸的对应栏内。

[**说明**]

某企业进行企业信息化工程建设,主要包括综合布线系统,机房、网络及主机系统,软件开发等分项工程建设,分别由不同的承建单位承担建设任务。在工程建设过程中,发生了如下事件:

事件1:负责该项目的专业监理工程师根据监理规划编制了监理实施细则,设置了质量控制点。

事件2:承建单位为了抢进度,在完成敷设线槽、线缆后马上派相关人员到该项目监理办公室请负责该项目的专业监理工程师对隐蔽工程进行验收。该监理工程师立即到现场进行检查,发现槽内线缆等方面不符合质量要求,随即口头指示承建单位整改。

事件3:在机房工程的实施中,机房工程承建单位提出质疑,认为总集成单位提出的机房设备布置图存在问题,将会影响到后续施工和验收。监理就该问题组织了专题讨论会,会议由总监理工程师主持,建设单位、总集成单位、机房工程承建单位参加。

[**问题1**](4分)

请给出进行质量控制点设置时应遵守的原则。

[**问题2**](7分)

(1)如此进行隐蔽工程验收,在程序上是不妥当的,请问正确的程序是什么?

(2)监理工程师要求承建单位整改的方式有何不妥之处?正确的做法是什么?

[**问题3**](4分)

(1)会议纪要由谁整理?

(2)会议纪要主要内容是什么?

(3)会议上出现不同意见时,纪要中应该如何处理?

试题三(16分)

阅读下列说明,回答问题1至问题3,将解答填入答题纸的对应栏内。

[说明]

某市教育信息网建设项目全部由政府投资。该项目为该市建设规划的重点项目之一，且已列入地方年度固定投资计划，现决定对该项目进行招标。招标人于2006年8月8日在国家级报刊上发布了招标公告，并规定9月5日14时为投标截止时间。A、B、C、D、E等5家公司购买了招标文件。

9月5日，这5家承包商均按规定的时间提交了投标文件。但投标单位A在送出投标文件后发现报价估算有较严重的失误，即赶在投标截止时间前10分钟递交了一份书面声明：撤回已提交的投标文件。

开标时，由招标人委托的市公证处人员检查投标文件的密封情况，确认无误后，由工作人员当众拆封。由于投标单位A已撤回投标文件，故招标人宣布有B、C、D、E四家投标单位投标，并宣读该4家投标单位的投标价格、工期和其他主要内容。

评标委员会委员由7人组成，由招标人直接指定，其中招标人代表2人，本系统技术专家2人，经济专家1人，外系统技术专家2人。

在评标过程中，评标委员会要求B、E两投标单位分别对其施工方案作详细说明，并对若干技术要点和难点提出问题，要求其提出具体、可操作的实施措施。

按照招标文件中确定的综合评标标准，评标委员会确定综合得分最高的投标单位B为中标人。由于投标单位B为外地企业，招标人于11月10日将《中标通知书》以挂号信方式寄出，承包商B于11月14日收到《中标通知书》。

[问题1](2分)

《招标投标法》中规定的招标方式有哪几种？

[问题2](6分)

开标、评标时出现了以下情况：

B投标单位虽按招标文件的要求编制了投标文件，但有一页文件漏打了页码；

C投标单位投标保证金超过了招标文件中规定的金额；

D投标单位投标文件记载的招标项目完成期限超过招标文件规定的完成期限；

E投标单位某分项工程的报价有个别漏项。

请分别回答B、C、D、E单位的投标文件是否有效并说明理由。

[问题3](8分)

从所介绍的背景资料来看，在该项目的招标投标程序中哪些方面不符合《招标投标法》的有关规定？请逐一说明。

试题四(15分)

阅读下列说明，回答问题1至问题3，将解答填入答题纸的对应栏内。

[说明]

某承建单位通过投标获得了某企业信息系统建设项目总包任务，主要建设内容是机房工程、网络系统建设和应用软件开发。承建单位、监理单位分别与建设单位签订了承建合同、监理合同。承建单位将机房建设中的空调系统等部分建设内容分包给了专业性公司，并签订了分包合同。在项目实施过程中，发生了如下事件：

事件1：人力资源管理系统分项工程是该企业本次信息系统建设的重点之一。该系统可供操作员和系统维护人员使用，也可供人事处负责人和主管人事的副总经理等查询人事信息用。人力资源管理系统通过录入人事数据和修改、删除等操作，产生和更新各类人事文件，通过搜索这些文件进行各类人事信息的查询。

该建设单位有3000多名工人、管理和技术人员，有管理科室、生产车间、后勤服务和开发研制等几类部门。承建单位派出系统分析师张某负责进行系统分析。

考虑到人事处有大量的查询信息要求、频繁的人事信息修改和文件存档、查阅等特点，系统分析师张某决定认真设计人机交互界面，首先要设计好在终端上的交互式会话的方式。

系统分析师张某通过调查收集到如下10条意见：

(1)某系统维护人员认为：系统在屏幕格式、编码等方面应具有一致性和清晰性，否则会影响操作人员的工作效率。

(2)某操作人员认为：在交互式会话过程中，操作人员可能会忘记或记错某些事情，系统应当提供HELP功能。

(3)某操作人员认为：既然是交互式会话，那么对所有的输入都应当做出响应，不应出现击键后计算机没有任何反应的情况。

(4)某操作人员认为：在出错的时候，交互式会话系统应当给出出错信息，并且尽可能告诉我们出错的性质和错在什么地方。

(5)某系统维护人员认为：终端会话也应当符合程序员编制程序时的习惯，这样可以更高效地维护人事管理系统。

(6)教育科干部甲认为：应当对操作员进行一些必要的培训，让他们掌握交互式会话系统的设计技巧，有助于提高系统的使用效率。

(7)教育科干部乙认为：尽管操作人员的指法已经强化训练，但在交互式会话时应尽可能缩短和减少操作员输入的信息，以降低出错概率。

(8)某程序员认为：由于本企业中有很多较大的文件，文件的查找很费时间，交互式会话系统在响应时间较长时应给予使用者以提示信息。

(9)人事处干部丙认为：我们企业的人事资料相当复杂，格式非常之多，希望交互式系统使用十分清晰的格式，并容易对输入数据中的错误进行修改。

(10)人事处干部丁认为：人事管理系统应当具有相当的保密性和数据安全性，因此在屏幕上显示出的信息应该含糊一些，以免泄密。

事件2：空调系统的分包单位在做空调工程时，经中间检查发现实施不符合设计要求——噪音超标，并自认为难以达到合同规定的要求，于是向监理工程师提出终止合同的书面申请。

事件3：在进行初步验收时，承建单位认为应该根据投标书要求的质量标准进行验收，业主认为应按合同条款要求的质量标准进行验收，为此发生争议。

[**问题1**](6分)

事件1中，系统分析师张某对上述调查情况和其他要求作了分析后提交监理进行审核，监理发现收集到的10条意见中有3条意见是不能接受的，请写出这3条意见的编号并简单地叙述理由。

[**问题2**](6分)

在事件2中：

(1)监理工程师应如何协调处理？

(2)合同的变更和解除，会影响当事人要求赔偿损失的权利吗？

[**问题3**](3分)

在事件3中，监理工程师应支持哪种意见？为什么？

试题五(14分)

阅读下列说明，回答问题1至问题3，将解答填入答题纸的对应栏内。

[**说明**]

建设单位于2005年3月与承建单位签订了某企业信息化应用软件开发项目承建合同，工期2年。承建单位、监理单位分别签订了承建合同、监理合同。

[**问题1**](6分)

在某个检查点，监理工程师对项目进行检查后发现：项目的BCWS(计划工作预算费用)=20000万元，BCWP(完成工作预算费用)=17000万元，ACWP(完成工作实际费用)=18000万元，那么该项目的SV(进度偏差)、CV(成本偏差)是多少，进度业绩指标(SPI)、费用业绩指标(CPI)是多少？请列出计算公式并计算出结果。

[**问题2**](3分)

在分项工程财务管理系统开发过程中，监理工程师发现开发过程存在的缺陷分布见表5-1。

表5-1

缺陷	缺陷类型				总计
	需求	设计	编码	测试	
严重	10	15	7	6	38
一般	24	45	56	7	132
建议	11	13	22	5	51
合计	45	73	85	18	221

请问在几种质量控制的统计分析方法中，监理工程师宜选择哪种方法来分析存在的质量问题？

[**问题3**](5分)

该工程全部完工后，进入到工程竣工验收阶段，其中流程分别为：①验收文件资料准备；②验收申请；③验收申请的审核；④签署验收申请；⑤组织工程验收。请问以上各流程各由哪个单位完成？

2008 年上半年信息系统监理师

案例分析试题(下午)解析及答案

试题一

[问题 1]

(1)D 的 $T_{EF}=12$,G 的 $T_{EF}=9$,E 的 $T_{EF}=10$,故 3 个工作分别推迟 D 为 3 天、E 为 5 天、G 为 4 天。

(2)总工期为 41 天。

(3)关键线路为①→③→④→⑤→⑥→⑦→⑨→⑩→⑪,因此 D 为关键工作。D 对工程如期完成构成威胁,工期推迟 3 天。

[问题 2]

(1)妥当。

(2)不妥。正确做法:调整后的进度计划还应经项目监理机构(或总监理工程师)审核、签认。

(3)不妥。正确做法:由总监理工程师主持修订监理规划。

(4)不妥。正确做法:由总监理工程师负责处理合同争议。

[问题 3]

监理机构及时进行调查、取证和调解的做法是正确的,但是在调解失败的情况下向合同约定的仲裁委员会申请仲裁的做法不正确。

理由:监理单位不是承建单位和建设单位所签订合同的当事人。

正确做法:由建设单位或承建单位向合同约定的仲裁委员会申请仲裁。

试题二

[问题 1]

(1)选择的质量控制点应该突出重点。

(2)选择的质量控制点应该易于纠偏。

(3)质量控制点设置要有利于参与工程建设的三方共同从事工程质量的控制活动。

(4)保持控制点设置的灵活性和动态性。

[问题 2]

(1)正确的程序是:隐蔽工程结束后,承建单位先自检,自检合格后,报监理机构进行现场检验,合格后由现场监理工程师或其代表签署认可后,方能进行下一阶段的工作;否则,签发不合格项目通知,要求承建单位整改。

(2)监理工程师口头要求承建单位整改的方式不妥。正确的做法是:监理工程师应按照要求书面指令承建单位进行整改。

[**问题3**]

(1)由监理工程师整理会议纪要。

(2)会议纪要的主要内容有:会议地点和时间,会议主持人,出席者姓名、隶属单位、职务,会议内容,决议事项(包括负责落实单位、负责人和时限要求),其他事项。

(3)会议上出现不同意见时,特别是对重大问题有不一致意见时,应将各方主要观点如实进行记录。

试题三

[**问题1**]

《招标投标法》中规定的招标方式有公开招标和邀请招标两种。

[**问题2**]

B有效标书。漏打了一页页码属于细微偏差。

C有效标书。投标保证金只要符合招标文件规定的最低投标保证金即可。

D无效标书。项目完成期限超过招标文件规定的完成期限属于重大偏差。

E有效标书。个别漏项属于细微偏差,投标单位可根据要求进行补正。

[**问题3**]

(1)招标人不应仅宣布4家承包商参加投标。《招标投标法》规定:招标人在招标文件要求提交投标文件的截止时间前收到的所有投标文件,开标时都应当当众拆封、宣读。

(2)评标委员会委员不应全部由招标人直接指定。按规定,评标委员会中的技术、经济专家,一般招标项目应采取在国务院有关部门或者省、自治区、直辖市人民政府有关部门提供的专家名册或者招标代理机构的专家库内的相关专业的专家库中随机抽取方式确定,特殊招标项目可以由招标人直接确定。本项目显然属于一般招标项目。

(3)如果招标人授权评标委员会直接确定中标人,由评标委员会定标是对的;否则,就是错误的。

试题四

[**问题1**]

不能接受的三条意见是(5)(6)(10)。理由阐述如下:

(5)人机交互界面首先考虑的是用户如何使用起来方便,与编程习惯、设计技巧无关。

(6)操作人员无须掌握交互式会话系统的设计技巧,操作人员不承担系统维护任务。

(10)屏幕上信息应很清晰易懂,安全保密与屏幕正常显示无关。

[**问题2**]

(1)监理工程师应:

①拒绝接受分包单位终止合同申请。

②要求总包单位与分包单位双方协商,达成一致后解除合同。

③要求总包单位对不合格工程返工处理。

(2)合同的变更和解除,不影响当事人要求赔偿的权利。

[问题3]

监理工程师应支持业主意见。

理由:按规定,合同条件与投标书条件有矛盾时,解释顺序为合同条款在投标书之先。(说出解释顺序为合同条款在投标书之先的意思即可)

试题五

[问题1]

SV = BCWP - BCWS = 17000 - 20000 = -3000 万元(1 分)

CV = BCWP - ACWP = 17000 - 18000 = -1000 万元(1 分)

SPI = BCWP / BCWS = 17000 / 20000 = 0.85(1 分)

CPI = BCWP / ACWP = 17000 / 18000 = 0.94(1 分)

[问题2]

在几种质量控制的统计分析方法中,监理工程师宜选择排列图的方法进行分析。

[问题3]

验收各流程的完成单位是:

①验收文件资料准备由承建单位完成;

②验收申请由承建单位完成;

③验收申请的审核由监理单位完成;

④签署验收申请由监理单位完成;

⑤组织工程验收由建设单位完成。

2008 年下半年信息系统监理师

案例分析试题(下午)

试题一(20 分)

阅读下列说明,回答问题 1 至问题 3,将解答填入答题纸的对应栏内。

[说明]

某市政务信息系统建设项目全部由政府投资。建设单位甲采用公开招标的方式选定监理公司丙承担这个项目建设过程的监理工作,并签订了委托监理合同。建设项目招标时,应甲方要求,丙方编写了招标文件。在招标文件中有以下几项主要内容:

1. 项目的技术要求;
2. 项目工程的设计说明;
3. 对投标人资格审查的标准;
4. 投标报价要求;
5. 评标标准;
6. 承建单位的实施组织设计;
7. 确保项目工程质量、进度的技术措施;
8. 材料、设备、系统软件的供应方式;
9. 关键工序、关键部位的实施要求。

招标人于 2007 年 7 月 21 日在国家级报刊上发布了招标公告,并规定 2007 年 8 月 15 日 14 时为投标截止时间。A、B、C、D、E 等 5 家公司购买了招标文件。招标人对投标单位就招标文件所提出的所有问题统一做了书面答复,见表 1-1,并以备忘录的形式分发给各投标单位。

问题答复表　　表 1-1

序号	问题	提问单位	提问时间	答复

在书面答复投标单位的提问后,招标人组织各投标单位进行了现场踏勘。并于 8 月 5 日由招标人书面通知各投标单位,由于某种原因,决定将机房工程从原招标项目范围内删除。

A、B、C、D、E 等 5 家公司于 2007 年 8 月 15 日 14 时前提交了投标文件。开标前招标代理机构组建了 5 人评标委员会。由于项目资金比较紧张,为了评标时能够统一意见,建设单位安排信息中心主任和总工程师参加评标委员会(包括在 5 人委员会内)。经过评标委员会的评选最终 B 单位以低于成本 150 万元的投标价一举中标。

[**问题1**](6分)

根据《招标投标法》的规定,招标文件中的内容有哪些不妥?为什么?还应包括哪些方面的内容?

[**问题2**](5分)

单位B中标是否妥当?为什么?

[**问题3**](9分)

招标人的招标做法还有哪些不正确之处?请逐一说明。

试题二(13分)

阅读下列说明,回答问题1至问题3,将解答填入答题纸的对应栏内。

[**说明**]

某企业甲进行企业信息化工程建设,甲以邀请招标的方式委托了监理公司丙承担了该工程项目的监理任务,并签订了监理合同。甲又以公开招标的方式选择了公司乙承担该项目的建设任务,并签订了实施合同。项目过程中,发生了如下事件:

事件1:甲要求丙在委托监理合同签订后30日内提交监理规划,丙马上组织人员投入编制工作。

事件2:某子项工程实施前,乙向丙提出了包括10项工作的工程实施进度网络计划,如图2-1所示(时间单位:天),要求监理工程师审批。

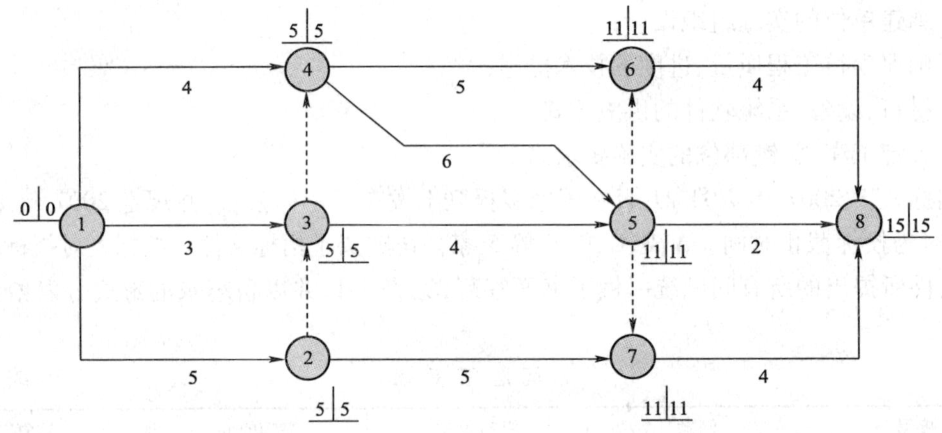

图2-1 双代号网络图

事件3:在软件开发的测试过程中,监理工程师收集了一段期间内通过两轮测试发现的缺陷数据,并画出了直方图,如图2-2所示。

[**问题1**](4分)

监理规划的编制应由谁来主持并由谁来认可?简述监理规划的目的和作用。

[**问题2**](5分)

请指出针对事件2中图2-1而得出的下列说法是否正确。

A. 所有节点均为关键节点

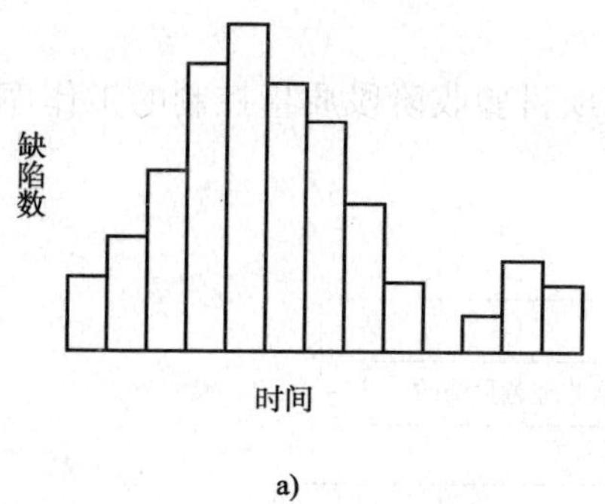

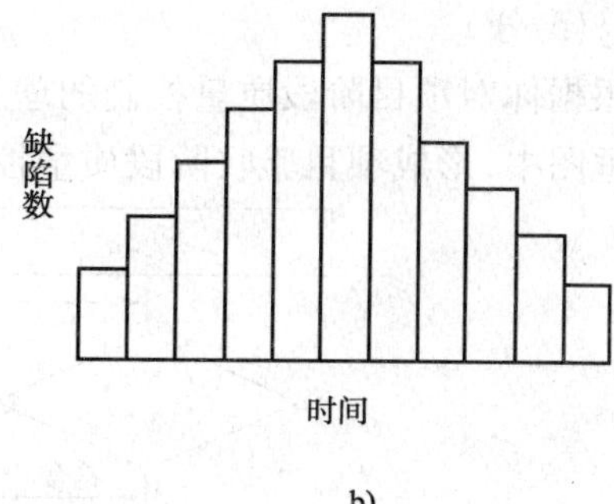

图 2-2 直方图

B. 所有工作均为关键工作

C. 计算工期为 15 天且关键线路有两条

D. 工作 1→3 与工作 1→4 的总时差相等

E. 工作 2→7 的总时差和自由时差相等

[**问题 3**](4 分)

图 2-2a)、b)分别呈怎样的分布状态?该分布状态说明了什么?

试题三(15 分)

阅读下列说明,回答问题 1 至问题 3,将解答填入答题纸的对应栏内。

[**说明**]

建设单位甲进行企业信息化工程建设,主要包括综合布线系统,机房、网络及主机系统等分项工程建设。甲就工程项目与承建单位乙、监理单位丙分别签订了建设合同、监理合同。在项目实施过程中发生了以下几个事件:

事件 1:在甲乙双方签订的合同中规定,网络和综合布线工程的材料由甲指定厂家供货。当第一批综合布线线缆运抵实施现场后,乙认为既然是甲指定厂商的产品,质量肯定没有问题。乙在收集了合格证、供应商保证书及合同规定需要的各种证明文件后便投入了使用。

事件 2:监理工程师在对机房建设和设备布置、安装进行巡检时,发现机房内通道与部分设备(机柜)间的距离存在问题。监理工程师记录的相关情况如下:

(1)两相对机柜正面之间的距离为 1.2m。

(2)机柜侧面(或不用面)距墙为 0.5m。

(3)安装需要维修测试的设备,这部分机柜距墙的距离为 1.2m。

(4)走道净宽为 1m。

事件 3:在网络工程完成了全部工程实施任务后,承建单位提交了验收申请。

[**问题 1**](5 分)

针对事件 1 的情况,监理工程师应当如何处理?

[**问题 2**](5 分)

指出在事件 2 中监理工程师记录的数据中哪几项存在问题,并给出正确的距离要求。监理工程师应如何处理存在的问题?

[**问题3**](5分)

请根据你对项目阶段质量控制的理解，将下列项目验收阶段质量控制的工作序号填入图3-1框图中,形成项目验收阶段质量控制流程。

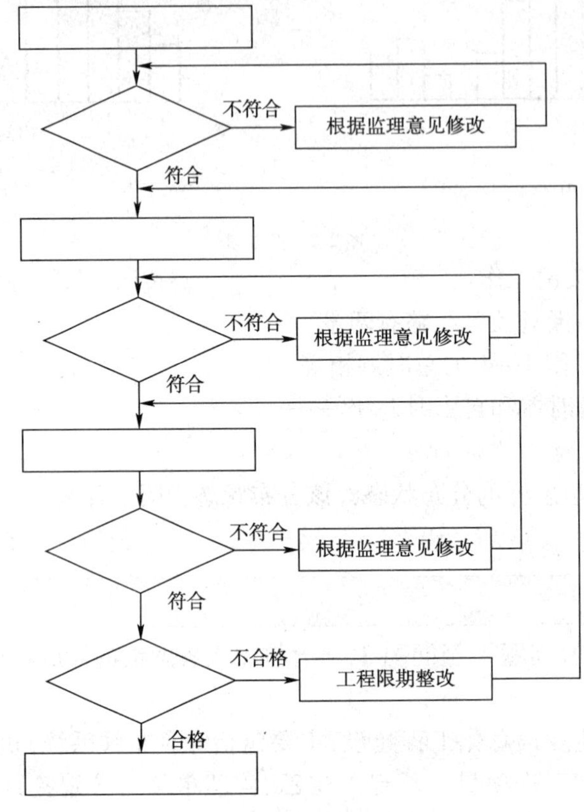

图3-1 项目验收阶段质量控制流程图

A. 审查验收条件

B. 审查验收过程

C. 验收组实施验收

D. 承建单位提交验收申请

E. 工程竣工

F. 审查验收方案

G. 验收是否合格

H. 承建单位提交验收方案

试题四(15分)

阅读下列说明,回答问题1至问题3,将解答填入答题纸的对应栏内。

[**说明**]

某承建单位乙通过投标获得了某企业甲信息系统建设项目总包任务，主要建设内容是主机系统建设、系统软件采购和应用软件开发。甲分别与承建单位乙、监理单位丙签订了承建合同、监理合同，在两份合同中均给出了一些特定的免责条款。

[**问题1**]（5分）

在甲召开的项目第一次例会上，甲依据监理合同，宣布了对项目总监理工程师的任命和授权。总监理工程师依据监理规划介绍了项目监理机构的人员岗位职责和监理设施等情况。其中：

1）项目监理人员的岗位职责

（1）总监理工程师代表职责：

①审查批准"监理实施细则"；

②调解建设单位和承建单位的合同争议，处理索赔，审批工程延期；

③调换不称职的监理人员；

④负责本项目的日常监理工作和一般性监理文件的签发。

（2）专业监理工程师的职责：

①负责本专业监理资料的收集、汇总及整理；

②参与对工程的重大方案的评审；

③审核工程量的数据和原始凭证；

④参与编写监理日志、监理月报；

⑤主持监理工作会议；

⑥审定承建单位的开工报告、系统实施方案、系统测试方案和进度计划；

⑦负责审核系统实施方案中的本专业部分；

⑧负责编制监理规划中本专业部分以及本专业监理实施方案。

2）监理设施方面

监理工作所必需的软硬件工具向承建单位借用，如有其他要求，指令承建单位购置后提供给监理使用。

根据上述材料：

（1）请指出总监理工程师介绍的项目监理人员岗位职责有哪些条是不正确的。

（2）总监理工程师介绍的监理设施方面的内容正确吗？如果正确请说明理由，如果不正确请改正。

[**问题2**]（5分）

根据《合同法》的规定，怎样的免责条款是无效的？

[**问题3**]（5分）

请从候选答案中选择恰当的内容将序号填入到（1）～（5）中：

软件测试监理是信息应用系统建设实施阶段的重点监理任务之一。软件测试的目的是<u>(1)</u>。为了提高测试的效率，应该<u>(2)</u>。使用白盒测试方法时，确定测试数据应根据<u>(3)</u>和指定的覆盖标准。与设计测试数据无关的文档是<u>(4)</u>。软件的集成测试工作最好由<u>(5)</u>承担，以提高集成测试的效果。

（1）候选答案：

A. 评价软件的质量　　　　B. 发现软件的错误

C. 找出软件中的所有错误　　　　　　D. 证明软件是正确的

(2)候选答案:

A. 随机地选取测试数据

B. 取一切可能的输入数据作为测试数据

C. 在完成编码以后制定软件的测试计划

D. 选择发现错误的可能性大的数据作为测试数据

(3)候选答案:

A. 程序的内部逻辑　　　　　　B. 程序的复杂程度

C. 使用说明书　　　　　　D. 程序的功能

(4)候选答案:

A. 该软件的设计人员　　　　　　B. 程序的复杂程度

C. 源程序　　　　　　D. 项目开发计划

(5)候选答案:

A. 该软件的设计人员　　　　　　B. 该软件开发组的负责人

C. 该软件的编程人员　　　　　　D. 不属于该软件开发组的软件设计人员

试题五(12 分)

阅读下列说明,回答问题 1 至问题 3,将解答填入答题纸的对应栏内。

[**说明**]

某企业信息化项目,主要包括系统平台建设、网络系统建设和多个业务部门应用系统开发。某信息工程监理公司负责该项目的全过程监理。

[**问题1**](5 分)

某子项目的建设情况如下:

(1)项目计划。

选择软件:2 月 1 日—3 月 1 日,计划 100000 元;

选择硬件:2 月 15 日—3 月 1 日,计划 80000 元。

(2)进度报告。

3 月 1 日完成了硬件选择,软件选择工作完成了 80%。

(3)财务报告。

截止到 3 月 1 日,该项目支出了 170000 元。

根据以上情况,请计算 BCWS、ACWP、BCWP、SV、CV,并对项目的状态做出评估结论。

[**问题2**](3 分)

项目招标文件中的工期为 555 天,而所签项目承建合同中的工期为 586 天。项目工期应为多少天?为什么?

[**问题3**](4 分)

在某部门应用系统的开发过程中,为了保证质量,建设单位要求监理方对承建单位的单元测试进行重点监控。请列出单元测试的主要工作内容。

2008年下半年信息系统监理师

案例分析试题(下午)解析及答案

试题一

[问题1]

招标文件内容不妥当处包括第6条、第7条,这两条内容都属于投标文件的内容,而不是招标文件的内容。

除第1、2、3、4、5、8、9条已列出的项目外,根据《招标投标法》第十九条的规定,还应包括拟签订合同的主要条款、工期、应遵循的相关技术标准。

[问题2]

选择B投标人为中标单位的做法不妥当。

理由:《招标投标法》规定,中标人的投标能够满足招标文件的实质性要求,并经评审的投标价格最低,但是投标价格低于成本价的除外。

[问题3]

(1)招标人对投标单位提问只能针对具体的问题做出明确答复,但不应提及具体的提问单位(或者回答为:招标人在书面答复中,不应提及具体的提问单位),因为按照《招标投标法》的规定,招标人不得向他人透露已获取招标文件的潜在投标人的名称、数量以及可能影响公平竞争的有关招标投标的其他情况。或者回答为:招标人对投标人提问只能针对具体的问题做出明确答复,但不应提及具体的提问单位,一旦提及具体提问单位,就透露了已获取招标文件的潜在投标人了,这是《招标投标法》所禁止的。

(2)于8月5日招标人书面通知投标单位,由于某种原因,决定将机房工程从原招标项目范围内删除的做法错误。根据《招标投标法》的规定:招标人对已发出的招标文件进行必要的澄清或者修改的,应当在招标文件要求提交投标文件截止日期至少十五日前,以书面形式通知所有招标文件收受人。该澄清或者修改的内容为招标文件的组成部分。

(3)由招标代理机构组建评标委员会错误,评标委员会应当由招标人组建。

(4)招标人的代表参加评标委员会的专家不得超过评标委员会总人数的1/3。

试题二

[问题1]

监理规划应由总监理工程师主持,并由建设单位认可。

监理规划是监理工作的指导性文件,是监理机构开展监理工作的依据和基础。

[问题2]

A、C、E正确,B、D错误。

［问题3］

图2-2a)呈孤岛分布，由短期内不熟练的人员加入造成。

图2-2b)接近于正态分布状态，说明测试过程是正常的、稳定的，满足质量要求。

试题三

［问题1］

(1)监理工程师应当立即报告总监理工程师，并由总监理工程师向承建单位签发“停工令”，并报建设单位备案。

(2)监理工程师应当对进场的材料进行检查和验收。如果材料经检验合格，则由承建单位填写“复工报审表”报项目监理部审批，由总监理工程师签发“复工令”。如果材料检验不合格，则监理工程师应以书面形式通知承建单位，不得将这批线缆使用在工程上，并汇报建设单位备案。

［问题2］

(1)两相对机柜正面之间的距离存在错误，正确的是：不应小于1.5m。走道净宽存在错误，正确的是：走道净宽不应小于1.2m。

(2)监理工程师发现工程质量存在问题后应及时下达监理通知书，要求承建单位进行整改。

［问题3］

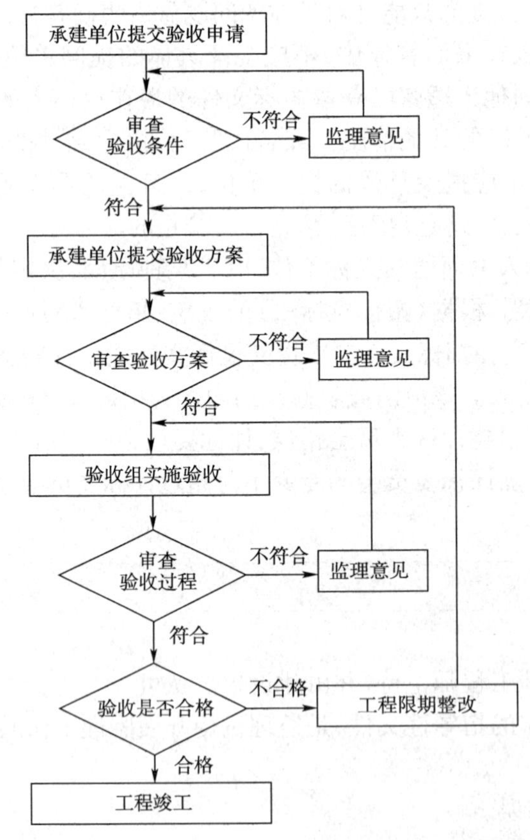

试题四

[问题1]

(1)总监理工程师代表岗位职责不正确的是①②③,专业监理工程师岗位职责不正确的是②⑤⑥。

(2)监理设施方面的描述是不正确的。监理单位应根据工程情况,配备满足监理工程师需要的软硬件工具和监理设备,而不是向承建单位借用或指令承建单位提供。

[问题2]

《合同法》第53条规定,合同中的下列免责条款无效:

(1)造成对方人身伤害的;

(2)因故意或重大过失造成对方财产损失的。

[问题3]

(1)B (2)D (3)A (4)D (5)D

试题五

[问题1]

BCWS = 180000 元

ACWP = 170000 元

BCWP = 160000 元

CV = BCWP - ACWP = 160000 - 170000 = -10000 元

SV = BCWP - BCWS = 160000 - 180000 = -20000 元

项目状况是进度延迟、成本超支,需要改进。

[问题2]

项目工程应为586天,因为招标书在前,项目合同在后,根据规定应以合同中规定的工期为准。

[问题3]

(1)软件单位的功能测试。

(2)软件单位的接口测试。

(3)软件单位的终于执行路径测试。

(4)软件单位的局部数据结构测试。

(5)软件单位的语句覆盖和分支覆盖测试。

(6)软件单位的错误处理能力。

(7)软件单位的资源占用、运行时间、响应时间等测试。

2009年上半年信息系统监理师

案例分析试题(下午)

试题一(20分)

阅读下列说明,回答问题1至问题5,将解答填入答题纸的对应栏内。

[说明]

某省政务信息网建设项目全部由政府投资。《可行性研究报告》和《初步设计报告》已经主管部门批准,现决定对该项目采取公开招标的方式选定承建单位,确定了投标保证金的数目,并委托某工程咨询单位为该项工程编制标底。招标人于2006年8月8日在国家级报刊上发布了招标公告,并规定2006年9月5日14时为投标截止时间。招标工作步骤如下:

(1)发放招标邀请书。

(2)发布招标公告。

(3)投标单位资格审查。

(4)召开标前会议(先进行现场踏勘)。

(5)接受投标书。

(6)开标。

(7)确定中标单位。

(8)评标。

(9)发《中标通知书》。

(10)签订合同。

A、B、C、D、E等5家公司购买了招标文件,并于2006年9月5日14时前提交了投标文件,但是投标人E由于银行手续方面的问题,于2006年9月5日16时才提交投标保证金。开标会由招标代理机构主持,省公证处到场监督。开标前招标代理机构组建了10人评标委员会,其中包括招标人代表6人。结果A、B、C、D等4个单位的投标报价均在7000万元以上,但由工程咨询单位编制的标底为5000万元,A、B、C、D的投标价与标底相差2000余万元,引起了投标人的异议。这4家投标单位向该省有关部门投诉,认为该工程咨询单位在编制标底的过程中,漏算了多项材料、设备、软件等费用,并少算了工作量。为此,招标人请求省内的权威部门对原标底进行了复核。2006年12月10日,该权威部门拿出复核报告,证明该工程咨询单位在编制标底的过程中确实存在这4家投标单位提出的问题,复核标底与原标底相差近2000万元。

由于上述问题久拖不决,招标人决定终止本次招标,重新进行招标。

[问题1](4分)

招标工作步骤的排列顺序有不妥之处,请给出正确的排列顺序。

[**问题2**](4分)

招标人对投标单位进行资格审查应考虑哪四个方面的因素?

[**问题3**](6分)

由于上述问题久拖不决,招标人决定终止本次招标,重新进行招标,该做法是否妥当?如果重新进行招标,给投标人造成的损失能否要求招标人赔偿,为什么?如果不能重新进行招标,请说明理由。

[**问题4**](2分)

E单位的投标文件应当如何处理?为什么?

[**问题5**](4分)

招标人的招标做法还有哪些不正确之处?请逐一说明。

试题二(15分)

阅读下列说明,回答问题1至问题3,将解答填入答题纸的对应栏内。

[**说明**]

企业甲就信息化网络工程项目与承建单位乙、监理单位丙分别签订了建设合同、监理合同。承建单位乙在得到甲同意的情况下,将机房工程分包给单位丁,并签订了分包合同。在项目实施过程中发生了以下几个事件:

事件1:在机房建设过程中,分包单位丁的施工人员为了赶工期,把信号线PVC管和电源线PVC管同放在一条泡沫条的槽中,造成质量隐患,专业监理工程师向总监理工程师及时汇报了情况。总监理工程师立即向承建单位乙和分包单位丁签发了整改通知。承建单位乙称机房工程已根据合同由分包单位丁实施,现在机房工程出现问题,应由分包单位丁承担一切责任。

事件2:在布线过程中,承建单位乙的施工人员违反规范要求,贪图一时方便,线缆不够长,接一段了事,旁站监理工程师及时发现并报告给总监理工程师。如果继续施工,线缆将被隐蔽。所以总监理工程师立即向承建单位乙签发了"停工令"。

事件3:在网络工程的实施过程中,由于某些设备的到货延迟使整个工期受到影响,承建单位乙向监理提交了进度变更申请。

[**问题1**](6分)

在事件1中:

发现机房工程存在质量隐患,承建单位乙称应由分包单位丁承担一切责任,这种态度为什么不对?

总监理工程师向承建单位乙和分包单位丁签发整改通知,有什么不妥之处吗?为什么?

[**问题2**](5分)

在事件2中:

在布线中,施工人员的做法可能会导致线缆的哪两项指标超标?

总监理工程师签发的"停工令"恰当吗?

总监理工程师在立即签发"停工令"前还应当做什么?

[**问题3**](4分)

事件3中,作为监理工程师,请根据你对项目变更控制的工作任务的理解,把下列项目变更控制工作的序号填入图2-1框图中,形成正确的项目变更控制流程图。

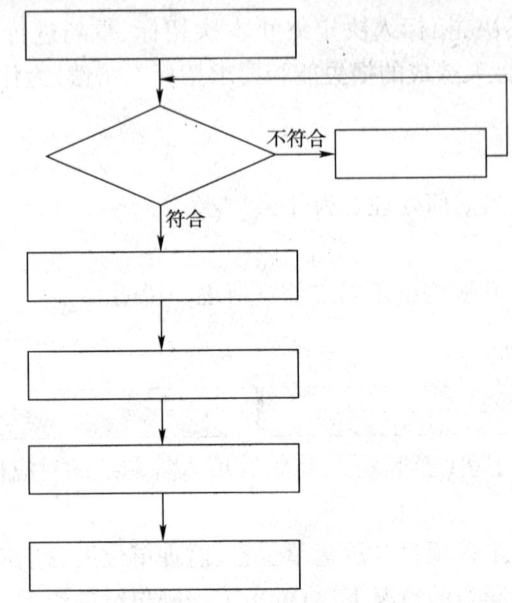

图2-1 项目变更控制流程图

a. 提出监理意见;b. 三方协商确定变更方法;c. 承建单位提交变更申请;d. 变更分析;e. 监理监督变更过程;f. 监理初审;g. 开始实施变更。

试题三(15分)

阅读下列说明,回答问题1至问题3,将解答填入答题纸的对应栏内。

[**说明**]

某监理单位承担了某机房、网络和软件开发项目全过程的监理工作。

[**问题1**](6分)

该工程合同工期为22个月,承建单位制定的初始项目实施网络计划如图3-1所示(时间单位:月)。

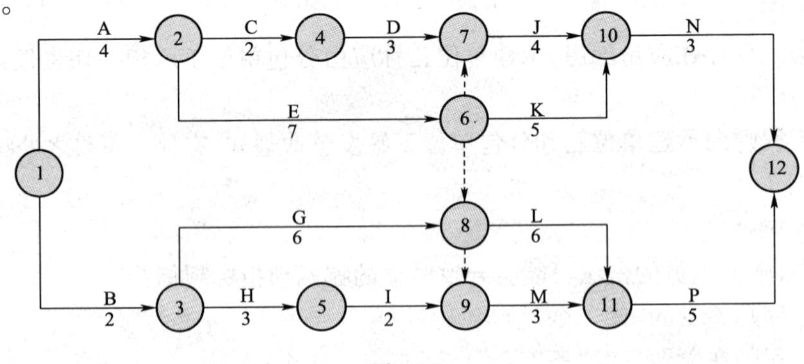

图 3-1

(1)请指出网络计划中的关键路径,说明该网络计划是否可行并简述理由。

(2)请计算 C 的总时差和自由时差。

[**问题 2**](5 分)

(1)请指出在软件开发中软件总体结构、运行环境、出错处理设计应分别在哪个文档中阐述(选择候选答案的标号即可)。

候选答案:

①可行性研究报告;②项目开发计划;③软件需求规格说明;④数据要求规格说明;⑤概要设计规格说明;⑥详细设计规格说明;⑦测试计划;⑧测试报告;⑨用户手册。

(2)请指出初步的用户手册、确认测试计划两个文档应分别在哪个阶段中完成(选择候选答案的标号即可)。

候选答案:

①可行性研究与计划;②需求分析;③概要设计;④详细设计;⑤测试;⑥维护。

[**问题 3**](4 分)

在机房建设中,计算机设备宜采用分区布置。请指出机房可分为哪几个区。

试题四(15 分)

阅读下列说明,回答问题 1 至问题 3,将解答填入答题纸的对应栏内。

[**说明**]

某大型电子政务工程建设项目,使用中央财政资金建设。在历经编写项目建议书、可行性研究报告、初步设计方案后获得批准。其中,硬件、网络基础支撑平台建设投资额 3300 万元;安全保障系统建设投资额 760 万元。这两项建设任务分别由 2 家承建单位承担,同时某监理单位承担了整个项目全过程监理工作。

由于项目建设历时较长,而且某些业务流程发生了必要变化,项目建设单位提出了增加和调整部分建设内容的变更需求。相应的投资发生了一定变化,其中硬件、网络基础支撑平台建设追加资金 280 万元,安全保障系统建设追加资金 92 万元。

[**问题 1**](5 分)

请指出上述案例中是否存在违规现象并说明理由。

[**问题 2**](5 分)

简要叙述监理单位在变更控制过程中应开展的主要工作。

[**问题 3**](5 分)

简述信息系统工程验收必须符合哪些基本前提条件。

试题五(10 分)

阅读下列说明,回答问题 1 至问题 3,将解答填入答题纸的对应栏内。

[**说明**]

某信息系统网络工程建设内容包括网络系统和存储备份系统的采购、安装和调试等工作。监理在项目建设过程中,应适时开展对承建单位提交的测试计划、测试方案、测试记录和测试报告等测试文档的审查工作,同时还要对承建单位测试工作进行抽检。

[**问题1**](4分)

在承建单位开展网络测试工作过程中,监理要对关键网络设备和关键部件的工作状况、链路的冗余能力、Telnet的控制测试,以及VLAN TRUNK、VPN、FTP、DHCP等功能的测试过程进行监督检查。

请简述在网络设备测试过程中,监理除了对上述已经描述的测试过程进行监督检查外,还需要检查其他哪些测试过程。

[**问题2**](4分)

请指出网络设备的主要测试技术指标,并分别说明这些测试指标的作用。

[**问题3**](2分)

请列举至少2个网络应用性能测试工具名称。

2009年上半年信息系统监理师

案例分析试题(下午)解析及答案

试题一

[问题1]

正确的排列顺序是:(1)-(3)-(2)-(4)-(5)-(6)-(8)-(7)-(9)-(10)
(4分,每错一个扣1分)

[问题2]

企业资质、质量管理体系、相关项目经验、公司实力。(每个1分)

[问题3]

(1)招标人可以要求重新进行招标。(1分)

(2)如果重新进行招标,给投标人造成的损失不能要求招标人赔偿(1分)。虽然重新招标是由于招标人的准备不够充分造成的,但是并非属于违反诚实信用的行为(2分),而招标仅仅是要约邀请,对招标人不具有合同意义上的约束力(1分),招标并不能保证投标人中标,投标的费用应当由投标人自理(1分)。

[问题4]

E单位的投标文件应当被认为无效而拒绝。(1分)

理由:招标文件规定的投标保证金是投标文件的组成部分。(1分)

[问题5]

(1)开标会由招标代理机构主持错误,开标会应由招标人主持。(1分)

(2)由招标代理机构组建评标委员会错误,评标委员会应当由招标人组建。(1分)

(3)评标委员会应由5人以上单数,而不是双数组成(1分);招标人的代表参加评标委员会的专家不得超过总人数的1/3,招标人代表有6人进入评标委员会,超过了1/3(1分)。

试题二

[问题1]

(1)发现机房工程存在质量隐患,承建单位乙说不负责任的做法是不对的(2分),因为工程分包后,不能解除总承包单位的责任和义务。分包单位的任何违约行为所导致的工程损害给建设单位造成的损失,总承包单位应承担连带责任(2分)。

(2)总监签发的整改通知应只发给总承包单位(1分),因为只有总承包单位才与建设单位有合同关系(1分)。

[**问题2**]

(1)可能使衰减和串扰大大超标。(2分)

(2)总监理工程师签发"停工令"是恰当的。(2分)

(3)总监理工程师在立即签发"停工令"前还应当征求建设单位意见。(1分)

[**问题3**](4分,错1个扣0.5分)

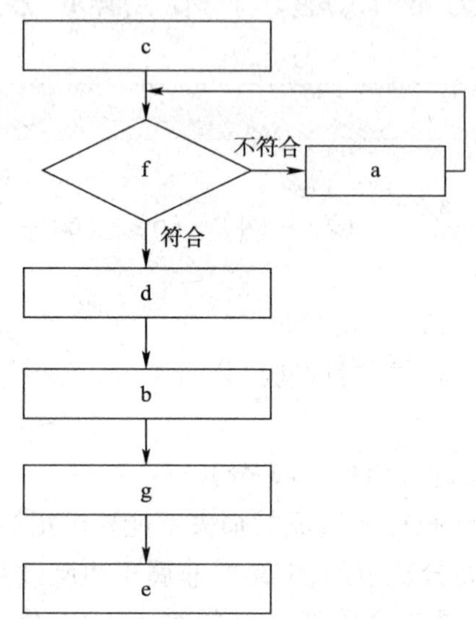

试题三

[**问题1**](6分)

(1)找出该网络计划的关键路径是:A-E-L-P(或者1-2-6-8-11-12);(2分)

由此得出计算工期是:22个月,与合同工期一致,因此,该网络计划可行。(1分)

(2)工作C的最早开始时间为4,最迟开始时间为10,因此总时差为10-4=6;(2分)

工作D的最早开始时间是6,因此工作C的自由时差为6-6=0。(1分)

[**问题2**](5分)

(1)按照顺序分别是⑤③⑤。

(2)按照顺序分别是②②。

[**问题3**](4分)

一般可分为主机区、存储器区、数据输入区、数据输出区、通信区和监控调度区等。具体划分可根据系统配置及管理而定。(每个1分,满分4分)

试题四

[**问题1**](5分)

有违规之处。(答对"有"即给2分)

理由：按照《中华人民共和国政府采购法》（以下简称《政府采购法》）第四十九条："政府采购合同履行中，采购人需追加与合同标的相同的货物、工程或者服务的，在不改变合同其他条款的前提下，可以与供应商协商签订补充合同，但所有补充合同的采购金额不得超过原合同采购金额的百分之十"的规定，涉及安全产品的投资变化为92万元，已经超出了760万元×10% =76万元的限定要求。（答案中有"新增的安全产品超过了法律所限定原合同额的10%"的一致表述，即给3分）

[**问题2**]（5分）

①了解变化；②接受变更申请；③变更的初审；④变更分析；⑤确定变更方法；⑥监控变更的实施；⑦变更效果评估。（每项1分，本题满分5分）

[**问题3**]（5分）

工程验收必须符合下列要求：

(1)所有建设项目按照批准设计方案要求全部建成，并满足使用要求。

(2)各个分项工程全部初验合格。

(3)各种技术文档和验收资料完备，符合集成合同的内容。

(4)系统建设和数据处理符合信息安全的要求。

(5)外购的操作系统、数据库、中间件、应用软件和开发工具符合知识产权相关政策法规的要求。

(6)各种设备经上电试运行，状态正常。

(7)经过用户同意。

（每答对1条给1分，满分5分）

试题五

[**问题1**]（4分）

监理还需重点检查的测试过程包括：（每答对1条给1分，最多给4分）

(1)网络流量及路由转发能力测试。

(2)组播测试。

(3)动态路由测试。

(4)静态路由测试。

(5)端口控制功能测试。

(6)链路负载均衡。

[**问题2**]（4分）

检测主要考虑以下技术指标：（每答对1条给2分，最多给4分）

(1)吞吐量。可以确定被测试设备(DUT)或被测试系统(SUT)在不丢弃包的情况下所能支持的吞吐速率。

(2)包丢失。通过测量由于缺少资源而未转发的包的比例来显示高负载状态下系统的性能。

(3)延时。测量系统在有负载条件下转发数据包所需的时间。

(4)背靠背性能。通过以最大帧速率发送突发传输流并测量无包丢失时的最大突发(Burst)长度(总包数量)来测试缓冲区容量。

[**问题3**](2分)

网络应用性能测试工具包括:Network Vantage、Application Expert、SmartBits 6000B 等。(列出常用的名称1个给1分,最多给2分)

2010年上半年信息系统监理师

案例分析试题(下午)

试题一(16分)

阅读下列说明,回答问题1至问题4,将解答填入答题纸的对应栏内。

[**说明**]

某国有大型企业为了提升竞争力,利用银行贷款进行信息化建设,项目估算投资约为人民币9000万元,内容包括购买某知名ERP软件、定制开发部分应用系统、升级改造原有网络系统、部分硬件设备并进行软硬件系统的集成工作,某监理公司负责该项目全过程的监理工作。

事件1:在项目启动前期,该企业总经理决定由信息中心总体负责该单位的信息化建设,任命信息中心副主任为项目领导小组组长,并要求信息中心的系统管理员A总体负责业务流程再造、组织机构的调整、业务的重新整合、培训等工作,要求系统管理员B负责总体协调,组织办公室、财务部、市场部、技术部、人力资源部及各生产车间的信息化实施工作。

事件2:工程建设需要订购一批3G上网卡,上网卡生产商在得知消息后,向建设单位去函表示:"本厂生产的3G上网卡,每块单价90元。如果贵单位需要,请与我厂联系。"建设单位回函:"我部门愿向贵厂订购500块3G上网卡,每块单价85元。"两个月后,建设单位收到上网卡生产商发来的500块升级版3G上网卡,但每块价格仍为90元,建设单位拒收。

事件3:在项目建设过程中,由于公司的主要业务为出口,受国际金融危机的影响,公司某月的资金链暂时中断,不得不临时使用部分所贷资金"救急"购买企业生产所需原材料,计划待下月经营状况好转后再归还此部分资金。

事件4:该项目中的定制开发应用系统子项目建设,预计花费人民币1000万元,为期12个月,在工作进行到第8个月时,根据财务部门提供的资料,成本预算是人民币640万元,实际成本支出是人民币680万元,挣值为人民币540万元。

[**问题1**](6分)

作为本项目的总监理工程师代表,你对事件1中信息化建设组织的设置应提出哪些监理建议?

[**问题2**](4分)

请分析在事件2中建设单位拒收是否构成违约,为什么?

[**问题3**](2分)

作为本项目的总监理工程师代表,请你判断事件3中是否存在不妥,为什么?

[**问题4**](4分)

根据事件4,请计算成本偏差(CV)、进度偏差(SV)、成本绩效指数CPI、进度绩效指数SPI。

试题二(15分)

阅读下列说明,回答问题1至问题3,将解答填入答题纸的对应栏内。

[**说明**]

某国家机关拟定制开发一套适用于行政管理的业务应用系统,先以本级单位为试点,如应用效果良好,则在本系统内地方单位进行统一安装部署。计划通过公开招投标的方式选择开发单位。

事件1:监理在审核招标文件过程中发现,拟签订合同条款中未针对本业务应用系统的知识产权进行规定,于是建议业主单位对该部分进行补充。

事件2:在评标过程中,评标委员会要求所有投标的4家单位对原招标文件未规定的售后服务方案进行补充提交。

[**问题1**](5分)

本项目招标文件中是否有必要对软件知识产权归属问题进行规定?如有,请说明原因并指出对本项目验收后的使用产生的影响。

[**问题2**](4分)

对于事件2,评标委员会的做法是否存在不妥?请说明依据和原因。

[**问题3**](6分)

按照《招标投标法》中关于招标文件构成的规定,请简述监理在审核招标文件时应重点关注的内容。

试题三(15分)

阅读下列说明,回答问题1至问题3,将解答填入答题纸的对应栏内。

[**说明**]

某监理单位承担了某市政府机关的办公应用系统建设工程的监理工作。经过公开招标,建设单位选择A公司作为工程的承建单位,目前项目已经进入分析设计阶段。A公司完成了系统的需求分析工作。按照合同约定,建设单位组织专家组对需求规格说明书进行评审,专家组形成以下主要评审意见:

(1)需求规格说明书未能完全覆盖用户的业务需求。

(2)需求规格书明书存在多处前后描述不一致的情况。

(3)需求规格说明书中部分功能定义不明确,不能满足设计工作需要。

(4)承建单位须对需求规格说明书进行补充完善后,再次提交评审。

[**问题1**](4分)

一般情况下,需求评审专家组的人员组成包括________。

候选答案：

①建设单位代表；②承建单位代表；③监理单位代表；④用户单位代表；⑤第三方测试机构代表；⑥行业专家；⑦信息化领域专家。

[**问题2**]（5分）

针对本次需求评审的结果，监理应重点开展哪五项工作？

[**问题3**]（6分）

分析设计阶段项目建设成果主要包括________。

候选答案：①立项建议书；②概要设计规格说明；③软件质量保证计划；④项目开发工作计划；⑤可行性分析报告；⑥详细设计规格说明；⑦测试计划；⑧测试报告；⑨软件配置管理计划。

试题四（15分）

阅读下列说明，回答问题1至问题3，将解答填入答题纸的对应栏内。

[**说明**]

某信息系统网络工程建设内容包括网络设备的采购、局域网建设、综合布线系统的建设、购买操作系统、数据库、中间件、应用软件和开发工具等。监理在项目建设过程中，针对设备采购进行了到货验收，并对综合布线、机房工程中的隐蔽工程等进行了旁站监理，目前工程已经进入验收阶段。

事件1：在该网络系统验收前，承建单位提出了验收申请。监理工程师小张考虑到所有建设项目均按照标准设计方案要求全部建成，并满足建设单位的使用要求；承建单位提供的各种技术文档和验收资料完备，且外购的操作系统、数据库、中间件、应用软件和开发工具符合知识产权相关政策法规的要求，遂认为满足了验收的前提条件。

事件2：在局域网建设过程中，监理针对影响局域网特性的主要技术要素，向项目建设单位提出了监理建议。根据监理意见，建设单位在对比了星型拓扑结构、总线型拓扑结构和环型拓扑结构后，决定本工程的局域网建设采用星型拓扑结构。

事件3：在本项目的信息网络系统完工时，建设单位、承建单位和监理单位三方共同确定了验收方案，建设单位和承建单位共同推荐验收人员、组成工程验收组，确认工程验收时应达到的标准和要求，确认验收的程序。

[**问题1**]（4分）

在事件1中，小张的判断是否正确，为什么？

[**问题2**]（共8分，每个2分）

针对本项目网络系统验收，监理工程师要熟悉有关专业知识，请将正确的选项填入括号内。

（1）监理针对影响局域网特性的主要技术要素，向项目建设单位提出了监理建议，决定局域网特性的技术要素为________（选择候选答案的标号即可）。

候选答案：

①网络的拓扑结构；②网络应用；③网络的介质访问控制方法；④网络的布线方法；⑤网络协议；⑥网络的传输介质。

(2)本工程局域网建设没有采用总线型拓扑结构或环型拓扑结构，是因为它们的主要缺点是________(选择候选答案的标号即可)。

候选答案：

①网络所使用的通信线路最长，不易保护；②某一结点(一般指中心结点)可能成为网络传输的瓶颈；③网中的任何一个结点的线路故障都可能造成全网的瘫痪；④网络的拓扑结构复杂，成本高。

[**问题3**](共3分，各1分)

事件3中，关于信息网络系统验收、测试、售后服务及培训的监理工作，以下说法正确的是________(选择候选答案的标号即可)。

候选答案：

①监理方和承建方的人员原则上不参加工程验收组；

②验收组人选事先不应对监理方和承建方保密；

③在发生设备、产品的配件不合格时，监理方应督促承建方与供货厂商联系更换或退货；

④由于项目建设是一个整体，在进行网络系统验收监理时，应该将不同的子系统功能进行综合考察，有些性能指标的测试需要和应用系统结合在一起进行；

⑤在验收阶段，监理工程师审核承建单位提交的阶段性付款申请，根据合同规定的付款条件，签发付款证书，并协助业主单位进行工程决算；

⑥对UTP链路验收测试的方法主要有连通性测试、端—端损耗测试、收发功率测试和反射损耗测试四种。

试题五(14分)

阅读下列说明，回答问题1至问题4，将解答填入答题纸的对应栏内。

[**说明**]

某机房改造项目涉及网络、存储等设备的升级改造及迁移等工作。监理在项目建设过程中，重点关注机房改造时关键系统的不间断运行情况，同时还要对承建单位各项测试工作进行旁站记录，必要时进行抽检。

事件1：对于该项目中的机柜、机架安装工作，总监理工程师委派监理员进行了现场旁站监理。

[**问题1**](2分)

承建单位在综合布线过程中，监理旁站了光纤的熔接过程。工作完成后，监理要求承建单位测试光纤的各项指标并记录相关数据，请将下列指标和测试该指标所使用的设备用直线连接。

连通性	功率测试仪和1个跳线
端—端损耗测试	OTDR
收发功率测试	功率测量仪和1个光源
反射损耗测试	激光笔

[**问题2**](4分)

为了保证网络升级改造工程的质量,设备迁移完成且网络恢复正常后,监理使用部分网络命令进行了测试,请判断下列网络故障诊断命令的描述是否正确。

(1)Ping:Ping 本机地址是判断 SNMP 协议层是否正确,Ping 其他设备是判断设备连接是否正常。

(2)Tracert:检查两个设备间连接的路径。

(3)Ipconfig:查看主机的 IP 设置,能够显示主机地址、子网掩码、网关等信息,不能显示 DNS 服务器的信息。

(4)Pathping:提供与目标之间的中间路由的网络滞后和网络丢失的信息。

(5)Arp:查看地址解析表。

(6)Netstat:可以监控 TCP/IP 网络情况,显示路由表,但不能显示接口设备的状态信息。

(7)Route:查看和修改路由表。

(8)Telnet:可以查看和修改远程主机参数。

[**问题3**](4分)

各方准备对网络系统进行竣工验收,请根据你的工程经验,回答下述问题。

(1)验收测试的组织者是________。

A. 项目经理　　B. 总监理工程师　　C. 评审专家　　D. 建设单位主管领导

(2)网络系统验收的步骤如下,请给出正确的顺序。

(a)总监理工程师组织专家对验收标准进行会审,提出评审意见,和业主方及承建方进行探讨,如有必要,提出修改意见;

(b)由业主方、承建方和监理方共同参与验收准备,按照验收方案对系统进行验收工作;

(c)监理工程师根据网络系统竣工的准备情况,确定是否满足系统验收条件;

(d)承建方在合同规定时间内提出验收标准;

(e)总监理工程师确认验收工作是否完成;

(f)监理工程师按照合同及相关文件对验收标准进行评审;

(g)监理方向业主方提交最终评审意见,业主方根据评审意见确认验收标准。

[**问题4**](4分)

在事件1中,机柜、机架安装工作检查的要点有哪些?

2010 年上半年信息系统监理师

案例分析试题(下午)解析及答案

试题一

[问题 1](6 分)

(1)任命信息中心副主任为项目领导小组组长不妥,因为企业信息化是一项复杂的系统工程,它的实施自始至终都需要企业的最高管理层介入或授权。

(2)要求系统管理员 A 总体负责业务流程再造、组织机构的调整、业务的重新整合、培训等工作不妥,因为这牵涉到企业的管理变革,必须由企业的最高管理者主导、管理层参与。

(3)要求系统管理员 B 负责总体协调,负责组织各部门的信息化实施工作不妥,他没有相应的管理权限来协调这些工作。

[问题 2]

建设单位不违约。(2 分)

理由:因为合同还未成立。建设单位对生产商的回函是一个附条件的新要约,因其对生产商的要约作出了实质性变更(1 分),这一行为并不是承诺,而是一个新要约。因此,该合同没有成立,建设单位并不承担任何违约责任(1 分)。

[问题 3]

使用贷款资金购买企业生产所需原材料不妥。(1 分)

理由:贷款资金专款专用。(1 分)

[问题 4](4 分)

CV = EV - AC = 540 - 680 = -140 万元

SV = EV - PV = 540 - 640 = -100 万元

CPI = EV/AC = 540/680 = 0.794

SPI = EV/PV = 540/640 = 0.843

试题二

[问题 1]

有必要。(1 分)

原因:根据《中华人民共和国著作权法》或《中华人民共和国计算机软件保护条例》的规定,如未在合同中进行约定,该标的物的知识产权不属于买受人,即知识产权归开发单位所有(1 分)或不归业主单位所有(1 分)。

影响:系统内安装推广会产生歧异(1 分),对系统今后的升级维护产生影响(1 分)。

[问题2]

不妥。(1分)

根据《招标投标法》(1分)的规定,评标委员会可以要求投标人对投标文件中含义不明确的内容作必要的澄清或者说明,但是澄清或者说明不得超出投标文件的范围(2分)或者改变投标文件的实质性内容。

[问题3]

(1)投标人资格要求是否满足工程建设需要。(1分)

(2)技术要求(1分)是否存在明显的倾向性。(1分)

(3)项目报价比重是否合理。(1分)

(4)评标标准是否合理。(1分)

(5)拟签订合同的主要条款是否适用于业主单位及项目实际(合同条款)。(1分)

试题三

[问题1](4分)

① ④ ⑥ ⑦

[问题2](5分)

(1)研究落实专家评审意见。

(2)督促承建单位完善用户业务需求分析工作。

(3)监督承建单位修改和完善软件需求规格说明书。

(4)审核承建单位修改后的软件需求规格说明书。

(5)协助建设单位重新组织需求评审。

[问题3](6分)

② ③ ④ ⑥ ⑦ ⑨

试题四

[问题1](4分)

不正确。(1分)

理由:验收首先要经过用户同意(1分),且应包括:各个分项工程全部初验合格;系统建设和数据处理符合信息安全的要求;各种设备经加电试运行,状态正常(答对1个1分,总分2分)。

[问题2](8分)

(1)① ③ ⑥

(2)③

[问题3](3分)

① ③ ④

试题五

[问题1](每连接对1条给0.5分,选错不得分,满分2分)

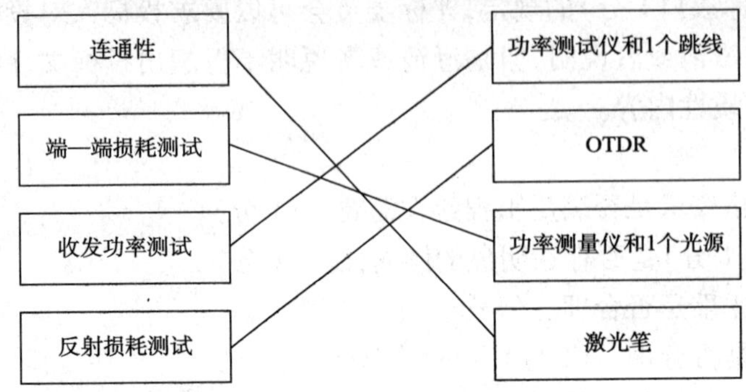

[问题2](4分)

(1)错 (2)对 (3)错 (4)对 (5)对 (6)错 (7)对 (8)对

(每对1个0.5分,答错不扣分,满分4分)

[问题3](4分)

(1)B(1分)

(2)(d)-(f)-(a)-(g)-(c)-(b)-(e)[(c)和(b)位置可以互换,顺序对1个给0.5分,满分3分]

[问题4](4分)

(1)机柜、机架安装完毕后,垂直偏差应不大于3mm。

(2)机架安装位置应符合设计要求。

(3)机柜、机架上的各种零件不得脱落和碰坏,漆面如有脱落应予以补漆,各种标志应完整、清晰。

(4)机柜、机架的安装应牢固,如有抗震要求时,应按施工图的抗震设计进行加固。

2010年下半年信息系统监理师

案例分析试题(下午)

试题一(20分)

阅读下列说明,回答问题1至问题4,将解答填入答题纸的对应栏内。

[**说明**]

某大型国家电子政务工程建设项目,使用中央财政性资金,批复的总投资概算为5000万元,建设内容主要包括网络平台建设和业务办公应用系统开发。某信息系统工程监理公司承担了全过程监理任务。在工程项目的建设过程中,发生了如下事件:

事件1:项目建设单位已经收到初步设计方案和投资概算的批复,并开始项目建设工作。此时,国家出台了一项新政策。根据这一政策,建设单位认为有必要改变项目相应的建设内容,结果直接导致需要增加单项工程A的投资概算200万元,调减单项工程B的投资概算200万元。建设单位将这一方案征求监理单位意见。

事件2:该电子政务项目的需求分析和初步设计中,按照信息安全等级保护的相关要求,形成了与业务应用紧密结合、技术上自主可控的信息安全解决方案。在项目建设过程中,监理单位发现,承建单位也切实落实了有关信息安全解决方案,完成了相关的建设内容。

事件3:项目初步验收完成后,建设单位发现由于某些原因,不能按时提交竣工验收申请报告。

[**问题1**](3分)

在事件1中,作为监理工程师,你认为项目建设单位关于投资概算的调整方案是否合规?请说明理由,并给出进一步的监理建议。

[**问题2**](3分)

根据政府有关文件,项目建设单位在项目的试运行阶段,在信息安全方面还需要做哪些工作?

[**问题3**](10分)

在项目进行初步验收时,项目建设单位应从哪几个方面进行验收,进而形成初验报告?监理文件验收是档案验收的一部分,根据《国家电子政务工程建设项目档案管理暂行办法》的相关规定,这些监理文件包括哪些?(至少列出16种)

[**问题4**](4分)

根据事件3的描述,监理单位针对该项目验收应提出哪些建议?

试题二(15分)

阅读下列说明,回答问题1至问题3,将解答填入答题纸的对应栏内。

[**说明**]

某部委以公开招标方式,利用中央财政资金采购一技术较复杂的大型信息系统。本次招标允许联合体投标,并要求投标人具有工业和信息化部颁发的计算机信息系统集成一级资质。甲、乙、丙、丁4家公司分别在招标公告要求的时间内购买了招标文件。截至规定开标时间,共收到A、B两份投标文件。

事件1:投标人A由甲、乙两家公司组成,甲公司具有计算机信息系统集成一级资质,乙公司具有计算机信息系统集成二级资质。

事件2:因截至规定开标时间投标人不足3家,故根据相关规定进行第二次招标,但重新招标后,有效投标人数量仍不满足3家,且招标文件及招标过程符合相关规定。

事件3:丁公司认为招标文件内容具有明显的倾向性,故未参加本项目投标。在本次招标结果公示后丁公司和乙公司分别就招标文件内容向同级政府采购监督管理部门进行了投诉,但该部门对上述投诉均未予受理。

[**问题1**](4分)

请根据事件1中的描述判断投标人A是否满足招标资质要求,并请说明理由。

[**问题2**](6分)

监理根据事件2向业主提出专题报告,建议改变招标方式。请指明监理所建议的招标方式及其理由,并说明该项目后续还可能采取的采购方式。

[**问题3**](5分)

该案例中,同级政府采购监督管理部门是否可以拒绝投诉受理?请说明理由。

试题三(15分)

阅读下列说明,回答问题1至问题4,将解答或相应的编号填入答题纸的对应栏内。

[**说明**]

某单位在全国各主要城市都有分支机构,拟构建覆盖全国的网络系统,实现全国业务数据的采集、整理、汇总的业务目标。网络系统包括业务网与办公网,业务网与办公网物理隔离,办公网与互联网连接,业务网与办公网之间需要数据交换。项目主要建设内容包括机房的建设以及整个网络系统的搭建与联调。

事件1:在网络机房建设过程中,承建单位提交了机房施工设计方案交由监理审核。

[**问题1**](2分)

工程开工前,监理需要审核的内容主要包括审核实施方案、________、审核工程实施人员和企业资质、审核实施组织计划。

候选答案:

①审核实施变更计划;②审核实施投资计划;③审核实施进度计划;④审核实施测试计划。

[**问题2**](2分)

从安全角度考虑,连接业务网和办公网用到的核心设备是________。

候选答案：

①交换机；②防火墙；③路由器；④网闸。

[**问题3**]（4分）

事件1中，该机房属于A级机房，监理需要参照《电子信息系统机房设计规范》（GB 50174—2008）的有关要求，对承建单位的施工设计方案进行审核。以下关于审核意见的说法正确的是________。（选择候选答案的标号即可）（共4分，各1分）

候选答案：

①由于该机房位于其他建筑物内，因此在主机房与其他部位之间应修砌耐火极限不低于1小时的隔墙，隔墙上的门应采用甲级防火门；

②在异地建立的备份机房，设计时应与主用机房等级相同；

③机房图纸设计应合理，主机房内用于搬运设备的通道净宽不应小于1.2m；

④由于高端小型机发热量大，因此采用活动地板上送风、下回风的方式；

⑤空调加湿系统应考虑水质对空调设备的影响，需提供水质净化解决方案；

⑥因本机房属于A级主机房，因此设计方案中应预留后备柴油发电机系统配置位置，当市电发生故障时，后备柴油发电机应能承担全部负荷的需要；

⑦A级主机房应设置洁净气体灭火系统，自动喷水灭火系统可以作为后备系统；

⑧机房接地系统要求地线与零线之间所测得的交流电压应小于1V。

[**问题4**]（7分）

（1）从监理的角度，你认为本项目最典型的特点是________。

候选答案：

①技术复杂度高；②安全性要求很高；③多节点工作；④地区差异大。

（2）作为具有这样特点的项目，你认为监理单位编制监理大纲时，最适合该项目的组织结构是________。

候选答案：

①总监理单位整体实施；②总监理单位+下属工作部实施；③总监理单位+各区域监理单位实施；④各区域监理单位独立实施。

（3）如果你作为该项目的总监理工程师，为了顺利实施该项目，你对业主还有哪些好的建议？

试题四（15分）

阅读下列说明，回答问题1和问题2，将解答或相应的编号填入答题纸的对应栏内。

[**说明**]

某公司拟建设面向内部员工的办公自动化系统和面向外部客户的营销系统，通过公开招标选择A公司为承建单位，并选择了B监理公司承担该项目的全程监理工作。目前，各个应用系统均已完成开发，A公司已经提交了验收申请。

[**问题1**]（7分）

A公司在验收前提供了相应的软件配置内容，监理公司需要对其进行审查，审查的内容包括以下几个部分：

(1)可执行程序、源程序、配置脚本、测试程序或脚本。

(2)主要的开发类文档。

(3)主要的管理类文档。

在以下各文档中，________属于开发类文档。

A. 需求说明书　B. 项目计划书　C. 质量控制计划　D. 评审报告

E. 概要设计说明书　F. 程序维护手册　G. 会议记录　H. 开发进度月报

I. 配置管理计划　J. 用户培训计划　K. 测试报告　L. 程序员开发手册

M. 用户操作手册　N. 数据库设计说明书

[**问题 2**](8 分)

建设单位与 A 公司签订的项目建设合同中明确规定，在项目验收阶段，为保证项目建设质量，需要进行第三方测试。针对第三方测试，监理需要做哪些工作？

试题五(10 分)

阅读下列说明，回答问题 1 和问题 2，将解答或相应的编号填入答题纸的对应栏内。

[**说明**]

测试是信息系统工程质量控制最重要的手段之一，这是由信息系统工程本身的特点所决定的。信息系统工程一般由网络系统、主机系统、应用系统等组成，而这些系统的质量到底如何，只有通过实际的测试才能够进行度量。

[**问题 1**](5 分)

请将下列测试类型与相应的测试方法用直线连接。

测试类型	测试方法
	等价类划分法
黑盒测试	判定/条件覆盖法
	静态结构分析法
白盒测试	边界值分析法
	基本路径测试法

[**问题 2**](5 分)

请指出下面关于软件测试的叙述是否正确(填写对或错，每个小题 0.5 分)。

(1)软件质量是满足规定用户需求的能力。

(2)监理工程师应按照有关国家标准审查提交的测试计划和测试规范，并提出审查意见。

(3)软件测试的目的是为了验证软件功能是否正确。

(4)软件测试计划始于软件设计阶段，完成于软件开发阶段。

(5)α 测试是由一个用户在开发环境下进行的测试，也可以是公司内部的用户在模拟实际操作环境下进行的测试。

(6)代码审查是代码检查的一种,是由开发和测试人员组成一个审查组,通过阅读和讨论,对程序进行静态分析的过程。

(7)采用正确的测试用例设计方法,软件测试可以做到穷举测试。

(8)界面测试不是易用性测试包括的内容。

(9)验收测试是由承建方和用户按照用户使用手册执行软件验收。

(10)软件测试监理是对软件测试工程活动和产品进行评审和(或)审核,并报告结果。

2010年下半年信息系统监理师

案例分析试题(下午)解析及答案

试题一

[**问题1**](3分)

合规。(1分)

理由:单项工程之间概算调整的数额不超过概算总投资的15%,业主可自行调整。(1分)

建议:应将调整方案上报主管部门(国家发改委)备案。(1分)

[**问题2**](3分)

项目建设单位应在项目建设任务完成后试运行期间,组织开展该项目的信息安全风险评估工作或制定安全策略(2分),并形成相关文档,作为项目验收的重要内容(1分)。

[**问题3**](10分)

工程、技术、财务和档案四个方面。(每个0.5分)

这些监理文件包括:(每答对1个给0.5分,最多8分)

①监理大纲、监理规划、细则及批复;

②资质审核、设备材料报审、复检记录;

③需求变更确认;

④开工令、停工令、复工令、返工令;

⑤施工组织设计、方案审核记录;

⑥工程进度、延长工期、人员变更审核;

⑦监理通知、监理建议、工作联系单、问题处理报告、协调会纪要、备忘录;

⑧监理周(月)报、阶段性报告、专题报告;

⑨测试方案、试运行方案审核;

⑩造价变更审查、支付审批、索赔处理文件;

⑪验收、交接文件、支付证书、结算审核文件;

⑫监理工作总结报告;

⑬监理照片、音像。

[**问题4**](4分)

建议项目建设单位及时向项目审批部门(1分)提出延期验收申请(2分),经项目审批部门批准后,可以适当延期进行竣工验收(1分)。

试题二

[问题1](4分)

投标人A资质不满足招标要求。(1分)

理由:依据《中华人民共和国招标投标法》(或《招标投标法》)。(1分,答《政府采购法》不得分)

国家有关规定或者招标文件对投标人资格条件有规定的,联合体各方均应当具备规定的相应资格条件。由同一专业的单位组成的联合体,按照资质等级较低(2分)的单位确定资质等级。

[问题2](6分)

监理所建议的招标方式:竞争性谈判。(2分)

理由:根据《政府采购法》(1分,答《招标投标法》不得分),招标后没有供应商投标或者没有合格标的或者重新招标未能成立的(1分),可以依照本法采用竞争性谈判方式采购。

单一来源采购。(2分)

[问题3](5分)

可以拒绝。(1分)

理由:乙公司未按政府采购投诉程序(先质疑后投诉)进行(2分),丁公司未参与项目投标(2分)。

试题三

[问题1](2分)

③

[问题2](2分)

④

[问题3](4分)

② ⑤ ⑥ ⑧

[问题4](7分)

(1)③(2分)

(2)②(2分)

(3)(每条各1分,最多3分)

①建议业主单位制定统一的标准,指导各节点的实施工作。

②建议业主单位合理划分行政区域,便于分组开展工作。

③建议业主先期选取部分试点单位开展工作,总结相应的经验与教训,形成规范的总结报告,提炼出可行的方法与措施,然后进行推广。

④建议业主引入总集成商,做好统一协调各承建单位的工作。

⑤建议业主做好文档管理工作,保证项目档案的完整性、可追溯性,也为后续验收及移交创造好的条件。

（上述5条以外的其他答案,如果合理,也可酌情给分）

试题四

［问题1］（7分）

A　E　F　K　L　M　N（每个1分）

［问题2］（8分）

（1）审查第三方测试机构资质。

（2）审查第三方测试方案。

（3）督促测试中发现问题的解决。

（4）确认测试报告。

（每个2分）

试题五

［问题1］（5分）

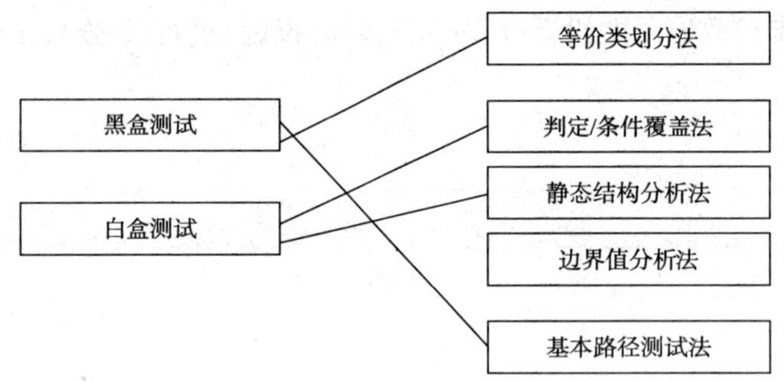

［问题2］（5分）

(1)	(2)	(3)	(4)	(5)	(6)	(7)	(8)	(9)	(10)
错	对	错	错	对	对	错	错	错	对

2011 年上半年信息系统监理师

案例分析试题(下午)

试题一(18 分)

阅读下列说明,回答问题 1 至问题 4,将解答填入答题纸的对应栏内。

[**说明**]

某国家级大型信息网络系统工程建设项目由中央财政投资。在完成编写项目建议书、可行性研究报告、初步设计方案后获得批准。建设单位通过公开招标方式选定某监理单位承担整个项目全过程监理工作。目前,正在进行工程总体设计和招标采购工作。在项目执行过程中发生了以下几个事件:

事件 1:可行性研究报告要求采购部分进口产品。

事件 2:为了更好地开展设备采购工作,保证项目实施质量,监理单位建议建设单位在采购过程中对核心网络交换机进行选型测试,为此需要选择第三方测试机构。

事件 3:由于两次公开招标后,没有足够数量的供应商参与投标,监理单位建议建设单位报请相关部门批准后,对部分网络服务器改用竞争性谈判方式进行采购。

[**问题 1**](3 分)

简要叙述监理单位在招投标阶段应开展的主要工作。

[**问题 2**](6 分)

针对事件 1,建设单位在开始采购前应进行什么工作? 这项工作包括哪些步骤或内容?

[**问题 3**](3 分)

在事件 2 中,建设单位采纳了监理的建议,在该项工作实施过程中,监理单位应开展哪些工作?

[**问题 4**](6 分)

针对事件 3,监理单位的建议是否合理? 请说明理由。如果采用竞争性谈判采购方式,请简述应遵循的采购流程。

试题二(15 分)

阅读下列说明,回答问题 1 至问题 3,将解答填入答题纸的对应栏内。

[**说明**]

某市政府机关为拓展公共服务渠道,丰富服务内容,拟重新建设该部门公共服务系统,完善市人才信息库。单位用户可在完成网上备案手续后进行人才信息查询并发布招聘信息,个人用户则可通过实名认证方式登录网站登记个人应聘信息;同时调整网上考试报名及审查系统，并增设人事政策在线咨询等全方位的服务功能。

事件1：如该公共服务系统遭到互联网人为攻击和破坏，可能致使网民的注册信息泄露，造成考试报名和审查系统瘫痪。这虽不涉及国家安全，但对该机构履行政务职能会造成一定程度的负面影响。

[问题1]（6分）

请简要说明系统建设应满足哪些基本条件才能进入设计阶段。

[问题2]（4分）

某监理公司审核该公共服务系统的外部接口设计时，监理应重点审核哪几类接口的设计内容？

[问题3]（5分）

根据事件1的描述：

（1）在充分考虑到系统本身安全需求的同时，为避免因定级过高而造成的过度资源浪费，按照电子政务系统五个安全等级的界定，建设单位初步进行自主定级，建议应按照________保护要求来设计和实施。

A. 1级　　B. 2级　　C. 3级　　D. 4级　　E. 5级

（2）根据与本项目相适应的系统等级保护要求，下列说法中正确的有________。

A. 为保证在遇到不可预见的故障时及时进行人为数据备份，系统单独设计超级入口模式，无须通过系统身份鉴别程序即可直接对数据库进行操作

B. 应在初始化和对与安全有关的数据结构进行保护之前，对用户和管理员的安全策略属性进行定义

C. 需在系统设计时，设计安全审计功能，并与用户标识与鉴别、访问控制等安全功能的设计紧密结合

D. 应设计系统资源监测功能，即当系统资源的服务水平降低到预先规定的最小值时，系统应能监测和报警

E. 应确保公众用户口令后台可见，以便在用户密码遗失后提供人工找回服务

试题三（12分）

阅读下列说明，回答问题1至问题3，将解答填入答题纸的对应栏内。

[说明]

为深化金融行业数据的应用，某证券公司启动了数据处理中心建设工作，主要实施内容包括数据中心机房建设、软硬件设备采购及集成、安全防护等。经过公开招标，A单位承担总集成工作，B单位承担监理工作。

事件1：机房建设过程中，B单位对管路暗敷工作进行了旁站。

事件2：A单位编制了数据处理系统实施方案后提交给B单位审核，B单位监理工程师认为实施方案中对数据采集、数据分析、数据处理需要重点说明。

事件3：A单位完成软硬件集成工作后，建设单位准备邀请第三方测试机构对系统进行

全面测试。

[**问题1**](4分)

请判断下列对管路暗敷的管材及其适用场合的说法是否正确,将"√"(对)或者"×"(错)符号填入答题纸对应栏内。

A. 薄壁钢管不适合电磁干扰影响较大的场合

B. 厚壁钢管耐腐蚀性好,因此在有腐蚀地段使用时,不必做防腐处理

C. PVC管屏蔽性差,因此不宜在电磁干扰强度大的地方使用

D. 水泥管价格低,隔热性好,一般在智能化建筑引入处和跨距较大的地段使用

[**问题2**](6分)

针对事件2的描述,请将下列数据处理分类与数据处理工作内容用线条连接对应。

数据采集	数据分类
	数据录入
数据分析	数据清洗
	数据统计
	数据迁移
数据处理	数据转换

[**问题3**](2分)

针对事件3,在组织进行第三方测试前,A单位应完成的两项主要工作是________和________。

试题四(15分)

阅读下列说明,回答问题1至问题3,将解答填入答题纸的对应栏内。

[**说明**]

某信息网络系统包括屏蔽室建设、网络设备采购及集成等实施内容。建设单位要求总集成单位应具有系统集成一级资质,并要求监理单位应具有涉密工程监理单项资质。经招标,由甲单位承担该项目的总集成工作,乙单位承担该项目的监理工作。

事件1:乙单位审核甲单位资质后,认为甲单位不能承担屏蔽室建设内容,建议将这项工作分包。经各方协商同意后,由丙单位承担了屏蔽室建设的分包任务。

事件2:丙单位在建设任务完成后申请验收。经乙单位检查测试后,同意通过屏蔽室单项验收。

事件3:甲单位与建设单位共同确定了整个网络的逻辑设计方案交由乙单位审核。

[**问题1**](5分)

(1)在事件1中,应由(　　)最终批准屏蔽室建设分包单位。

A. 甲单位　　B. 乙单位　　C. 保密管理部门　　D. 建设单位

(2)丙单位承担屏蔽室建设应具有的涉密资质类型是(　　)。

A. 甲级资质　　B. 乙级资质　　C. 单项资质　　D. 二级资质

(3)在事件1中,你认为乙单位的建议是否正确,请说明理由。

[**问题2**](5分)

请指出事件2中屏蔽室通过单项验收是否正确,并说明理由。

[**问题3**](5分)

事件3中,乙单位对甲单位的网络设计方案进行审核,其中网络逻辑设计审核内容包括________等几方面(选择候选答案的标号即可)。

候选答案:

①网间传输协议的选择;②路由器的选择和设计;③网络地址的分配;④虚拟网的划分及配置;⑤子网掩码的配置;⑥交换机参数的确定;⑦网络设备的购买及安装方案;⑧网络管理系统参数的确定。

试题五(15分)

阅读下列说明,回答问题1至问题3,将解答填入答题纸的对应栏内。

[**说明**]

某国家重点电子政务工程建设项目由中央财政投资,建设内容是在已有基础软硬件环境下进行业务应用系统的开发。通过公开招标选择公司A为承建单位,并选择了B监理公司承担该项目的全过程监理工作。目前,各分项建设任务已经完成。

事件1:在开展项目初步验收时,建设单位拟组织系统用户对业务应用系统进行测试,并就重点测试内容咨询监理意见。

事件2:项目初步验收合格后,经过六个月的试运行,项目建设单位认为项目达到了竣工验收条件,拟向项目审批部门提交竣工验收申请。

事件3:项目通过竣工验收并投入使用1年后,建设单位拟委托项目承建单位A开展项目后评价工作。

[**问题1**](5分)

针对事件1的描述,作为监理工程师,提供的咨询意见应包括哪些重点测试内容?

[**问题2**](5分)

针对事件2的描述,建设单位向项目审批部门提交竣工验收申请时,需同时提交哪些材料?

[**问题3**](5分)

在事件3中,建设单位的做法是否妥当?请说明理由。

2011年上半年信息系统监理师

案例分析试题(下午)解析及答案

试题一

[**问题1**](3分)

招投标阶段监理单位的主要工作包括:

(1)协助建设单位确定招标方式。

(2)协助建设单位编制招标文件。

(3)见证开评标过程。

(4)参加合同谈判和签订工作。

(每项1分,最多给3分)

[**问题2**](6分)

建设单位(采购单位)进行进口产品采购,应按照财政部关于进口产品采购管理办法的要求,履行有关报批手续。

(1)采购单位应组织专家进行论证,形成进口产品专家论证意见。

(2)采购单位应将专家意见和有关申请材料报行政主管部门审核。

(3)行政主管部门出具审核意见,并附采购单位上报材料,报财政管理部门批准。

[**问题3**](3分)

(1)审核测试单位资质。

(2)审核选型测试方案。

(3)跟踪项目测试过程。

(4)审核测试报告。

(每项1分,最多给3分)

[**问题4**](6分)

合理。(1分)

理由:根据《政府采购法》第三十条的规定,招标后没有供应商投标或者没有合格标的或者重新招标未能成立的,可以采用竞争性谈判方式采购。(2分)

采购流程:(每项1分,最多给3分)

(1)成立谈判小组。

(2)制定谈判文件。

(3)确定邀请参加谈判的供应商名单。

(4)谈判。

(5)确定成交供应商。

试题二

[问题1](6分)

项目开发计划、质量保证计划、配置管理计划等配套计划(1分)通过评审并正式批准(1分);软件需求规格说明书(1分)通过评审(1分);以软件需求规格说明书为核心的配置管理基线建立(2分)。

[问题2](4分)

用户接口,硬件接口,软件接口,通信接口。

[问题3](5分)

(1)B(2分)

(2)B　C　D(每个1分)

试题三

[问题1](4分)

A. ×　B. ×　C. √　D. ×

(判断正确1个1分,共4分)

[问题2](6分)

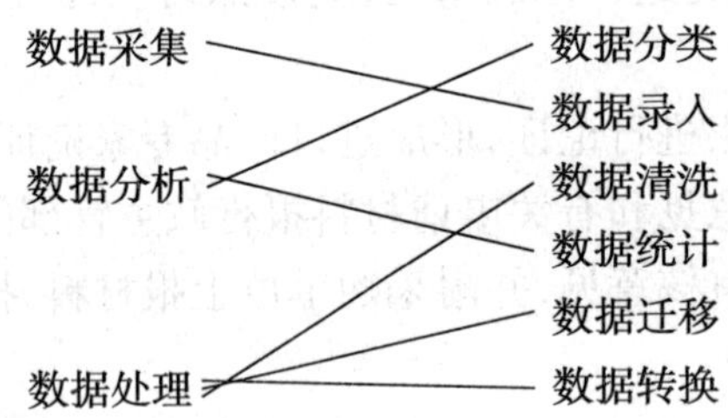

(连线连对1个给1分,满分6分)

[问题3](2分)

完成系统内部联调测试,做好系统的文档整理。(答对1项给1分)

试题四

[问题1](5分)

(1)D(1分)

(2)C(1分)

(3)正确。(1分)

理由:因为屏蔽室建设需要特定资质(2分)的单位才能承担。

[问题2](5分)

不正确。(2分)

理由:只有经过专业机构对屏蔽室进行全面检测(1分)、鉴定(1分)、评估(1分)后,才能进行验收。

[**问题3**](5分)

① ③ ④ ⑥ ⑧

试题五

[**问题1**](5分)

(1)应用系统功能是否符合需求规格说明书的业务流程和业务需求。

(2)应用系统性能是否满足业务要求。

(3)应用系统数据处理是否正确。

(4)应用系统是否易于操作(界面友好性也可)。

(5)应用系统是否易于维护。

(6)应用是否具有较好的容错性(鲁棒性、健壮性等也可)。

[**问题2**](5分)

①项目建设总结;②初步验收报告;③财务报告;④审计报告;⑤信息安全风险评估报告、安全保护等级备案证明、安全等级测评报告。

[**问题3**](5分)

不妥。(1分)

理由:

(1)建设单位无权委托项目承建单位A开展项目后评价工作。(1分)

(2)参加该项目前期工作和建设实施工作的同一单位不能承担该项目的后评价任务,承建单位不能受托承担本项目后评估工作。(2分)

(3)中央政府投资项目后评价工作应由项目审批部门或其委托的相关机构组织。(2分)

(本题最多5分)

2011 年下半年信息系统监理师

案例分析试题(下午)

试题一(17 分)

阅读下列说明,回答问题 1 至问题 4,将解答填入答题纸的对应栏内。

[**说明**]

监理公司丙承担了建设单位甲业务信息系统建设的全过程监理任务。该系统的建设内容主要包括服务窗口受理子系统,档案管理子系统,网上申报子系统,统计分析子系统,数据中心、门户网站等应用开发和服务器、存储系统及系统软件的采购。甲以公开招标的方式选择了承建单位乙承担项目的建设任务。建设合同约定,乙将档案管理子系统和网上申报子系统建设任务分包给分包单位丁,建设单位甲自行采购所需的设备和系统软件。在项目执行过程中发生了以下几个事件:

事件 1:为了保证设备质量,甲要求设备采购优先选择进口名牌产品。

事件 2:委托监理合同签订后,总监理工程师明确了项目监理规范编制的一些要求:

(1)为了使监理规划具有针对性,准备编制两份监理规划。

(2)监理规划要掌握项目运行规律。

(3)监理规划的表达应标准化、格式化、规范化。

(4)监理规划应根据项目实际情况进行编写,编写完成后由总监理工程师认可,便不准再行修改。

事件 3:在起草的项目监理规划中规定了项目监理机构的人员岗位职责:

1. 总监理工程师代表职责

(1)审查批准“监理实施细则”。

(2)审理索赔事件,协调各方关系。

(3)调换不称职的监理人员。

2. 专业监理工程师职责

(1)签发工程款支付证书。

(2)主持审查和处理工程变更。

事件 4:档案管理子系统开发结束,并根据实施合同的约定及测试标准进行验收。监理工程师对档案管理子系统涉及的档案数据质量产生质疑,要求采取抽测的方式进行验证。分包单位丁说:“我们已完成自测,抽测验证应由单位乙负责。”监理工程师要求承建单位乙派人抽测验证,乙说:“档案管理子系统已经全部承包给了公司丁,应该由他们进行抽测验证。”

[**问题 1**](4 分)

针对事件 1,单位甲的做法正确吗?请说明理由。

[**问题2**](5分)

请指出事件2中总监理工程师提出的关于监理规划编制的各项要求是否正确,并分别说明理由。

[**问题3**](5分)

在事件3中,项目监理机构的人员岗位职责的各项内容正确吗?分别说明理由。

[**问题4**](3分)

针对事件4,单位乙和单位丁谁的说法正确?为什么?

试题二(14分)

阅读下列说明,回答问题1至问题3,将解答填入答题纸的对应栏内。

[**说明**]

某市教育信息化建设项目,主要建设内容包括核心网络系统建设、连接各个学校的综合布线工程以及机房建设。通过公开招标,由承建单位乙承担该项目的总集成工作,监理单位丙承担该项目的监理工作。建设单位甲与承建单位乙合同约定:开工日期为2009年3月1日,工期为156天,甲负责机房施工现场准备工作及设备采购,设备安装工程由乙负责,可以分包。

经总监理工程师批准的施工总进度计划如图2-1所示(事件单位:天)。

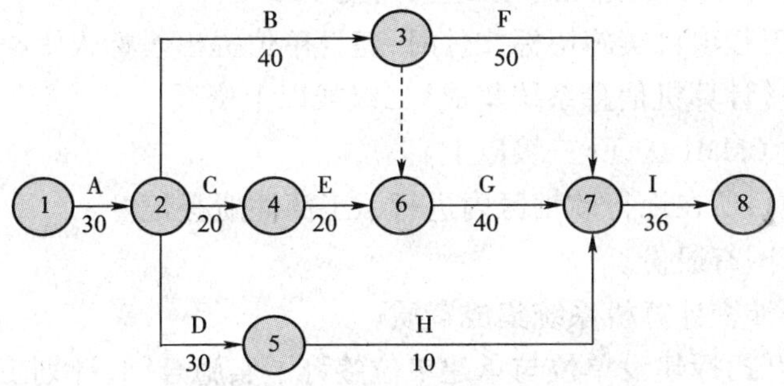

图2-1 施工总进度计划

项目实施中发生了下列事件:

事件1:由于机房施工现场未按约定事件准备完毕,致使单位乙无法按期开工。2009年2月21日,单位乙向项目监理机构提出申请,要求开工日期推迟5天。经专业监理工程师审查,情况属实。

事件2:单位乙采购的布线电缆,因供应商未能提供出厂合格证明,单位乙按规定要求进行了检验,检验合格后向项目监理机构报验。为不影响工程进度,总监理工程师要求单位乙在监理人员的见证下取样复检,复验结果合格后,同意该电缆进场使用。

事件3:单位将各机房设备安装工程(G工作)分包给分包单位丁,分包合同工期为40天。单位丁完成设备安装后,单机无负荷试车没有通过,经分析是设备本身出现问题。设备制造单位修理后,第二次试车合格。由此发生的设备拆除费2万元、修理费5万元、重新安装费3万元和重新试车费用1万元,G工作实际持续时间延长了15天。

施工单位丁向施工单位乙提出索赔后，施工单位乙遂向项目监理机构提出了顺延工期15天和补偿费用11万元的要求。

[**问题1**]（3分）

事件1中，项目监理机构应如何答复施工单位甲的要求？说明理由。

[**问题2**]（3分）

事件2中，总监理工程师的处理是否妥当？说明理由。

[**问题3**]（8分）

事件3中，单机无负荷试车应由谁组织？项目监理机构对于单位乙顺延工期和补偿费用的要求如何答复？（如果不同意，请说明理由；如果同意，请给出同意顺延的天数和补偿的金额数目，并说明理由。）

试题三（15分）

阅读下列说明，回答问题1至问题3，将解答填入答题纸的对应栏内。

[**说明**]

某省级电子政务工程项目，主要建设内容是运行于政务内网的应用软件开发。建设单位委托具有相应资质的监理单位承担项目的全过程监理任务，建设单位拟通过公开招标方式选择承建单位。在项目实施过程中，发生如下事件：

事件1：在编制工程项目实施招标文件时，建设单位提出投标人资格必须满足以下要求：

（1）投标人具备《计算机信息系统集成》二级或以上资质。

（2）投标人通过CMMI认证（三级以上）。

（3）投标人在项目所在地行政辖区内进行了工商注册登记。

（4）投标人拥有国有股份。

（5）投标人取得涉密计算机系统集成资质。

事件2：通过公开招标建设单位与承建单位签订了实施合同，计划工期20个月。项目开工后，第7个月末监理进行进度和投资控制取得投资情况数据见表3-1。

项目1~7月投资情况表（单位：万元）　　表3-1

时间	第1月	第2月	第3月	第4月	第5月	第6月	第7月	合计
拟完工程计划投资	130	130	130	300	330	210	210	1440
已完工程计划投资	70	130	130	300	210	210	204	1254
已完工程实际投资	70	130	130	310	210	228	222	1300

事件3：为了严格、有效地实施软件配置管理，建设单位和监理要求承建单位应按相关标准做好软件配置管理工作，以满足项目管理质量要求。

[**问题1**]（5分）

逐条指出事件1中建设单位提出的要求是否合理，分别说明理由。

[**问题2**]（4分）

事件2中，请分析第7月末的投资偏差和以投资额表示的进度偏差。

[**问题3**](6分)

《信息技术—软件生存期过程》(ISO/IEC 12207—1995)指出配置管理过程是在整个软件生存期中实施管理和技术规划的过程。针对事件3,请选择恰当的内容填入图3-1中的A、B、C和D中。

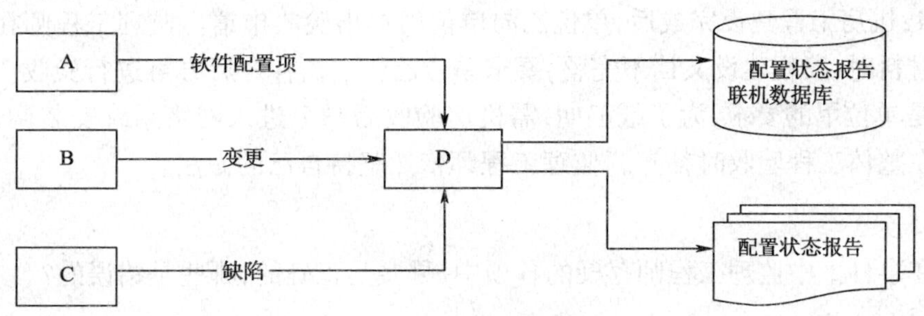

图3-1 软件配置状态报告

候选答案:

①配置审核;②配置标识;③配置控制;④软件配置报告;⑤版本控制;⑥基线与变更控制。

试题四(15分)

阅读下列说明,回答问题1至问题4,将解答填入答题纸的对应栏内。

[**说明**]

某信息网络建设项目主要包括网络系统建设、综合布线、机房建设及系统集成等实施内容。建设单位甲经招标,选定承建单位乙承担该项目的总集成工作,单位丙承担该项目的监理工作,单位乙根据项目批复的可行性研究报告给出了实施设计方案。

事件1:单位乙确定了整个网络建设项目的实施设计方案交由单位丙审核。监理工程师在审核方案时发现以下疑点:

①综合布线的楼层配线间的湿度正常范围:20% ~90%;

②传输视频信号的电缆一般选用100Ω同轴电缆;

③垂直干线子系统布线走线应选择干线线缆最短、最经济、最安全的路由;

④信息座与计算机设备的距离保持在8m范围内;

⑤综合布线系统的设备间地板承重压力不能低于500kg/m^2;

⑥机房场地的位置应该在海拔0~4570m的高度之间;

⑦机房内预留维护工作空间和设备有效散热空间,机柜的前后左右至少各留55cm,以便日后的维护和散热;

⑧机房火灾报警系统除了火灾探测器完成火灾的自动探测外,还需要手动报警按钮联动控制模块、声光报警、信号输入模块、总线隔离模块;

⑨网络通信中,如果要实现理想同时通信就必须要有两条数据传输线;

⑩网络中通常使用电路交换、报文交换和分组交换技术。

事件2:单位乙在网络系统建设中为了确保安装质量,在组织实施原定检测计划的基础上,又委托一家检测单位加强安装过程的检测。安装工程结束时,单位乙要求项目监理机构同意向单位甲索要增加的检测费用，但被总监理工程师拒绝。

事件3：在建设过程中，由于单位甲的需求有较大的变更，单位乙在单位甲的要求下对设计方案做了重大修改。在征得单位甲和单位丙同意并办理变更手续后，按照变更后的方案实施项目，完成了整个变更过程。

事件4：机房工程建设完成后，单位乙向单位丙提出验收申请。监理工程师在审核单位乙的验收材料时，发现建设文档不完整，要求单位乙将文档补齐后方可进行验收。单位乙解释道："这是单位甲的要求，为了赶工期，需机房验收后马上进入网络系统安装调试阶段，缺少的文档在整体工程验收时补齐。"监理工程师依然坚持自己的做法。

[**问题1**]（5分）

指出在事件1中监理工程师存疑的各项中，哪些是正确的，哪些是错误的？

[**问题2**]（3分）

事件2中总监理工程师的做法是否正确？为什么？

[**问题3**]（3分）

事件3中，对项目设计变更的处理方法是否完整？如果完整，请说明理由；如果不完整，请补充。

[**问题4**]（4分）

事件4中，监理工程师的做法是否正确？说明依据。

试题五（14分）

阅读下列说明，回答问题1至问题3，将解答填入答题纸的对应栏内。

[**说明**]

某省级电子政务工程建设项目，重点建设内容是在已有基础软硬件环境下实行业务应用系统的开发。建设单位甲通过公开招标选择公司乙为承建单位，并选择了监理公司丙承担该项目的全过程监理工作。在建设过程中，发生了以下事件：

事件1：单位甲的代表为了进一步摸清监理工程师的管理水平，特向监理工程师提出项目进度管理工具方面的一些问题。以下是监理工程师的回答：

软件项目的进度管理有许多方法，但__A__不是常用的进度控制图示方法。在这几种进度控制图示方法中，__B__难以表达多个子任务之间的逻辑关系，使用__C__不仅能表达子任务之间的逻辑关系，而且可以找出关键子任务，在箭线式PERT中，用带箭头的边表示__D__，用圆圈结点表示__E__，它标明__D__的__F__。

事件2：单位乙的项目经理称工期太紧，无法满足预期要求。

事件3：项目完成后，单位甲要求项目各相关单位按照规定程序进行项目初步验收。

[**问题1**]（6分）

作为监理工程师，针对事件请选择适当的选项将监理工程师的回答补充完整。

供选择的答案：

A～C：①甘特图；②IPO；③PERT；④时标网状图。

D ~ F:①数据流;②控制流;③事件;④处理超点或终点;⑤任务;⑥活动。

[**问题 2**](4 分)

针对事件 2 的描述,为了避免工期延误,监理应对单位乙提出哪些建议?

[**问题 3**](4 分)

在事件 3 中,初验应该由谁组织?依据是什么?在信息安全方面还有哪些工作需要完成?

2011年下半年信息系统监理师

案例分析试题(下午)解析及答案

试题一

[问题1](4分)

错误。

理由:因为根据《国家电子政务工程建设项目管理暂行办法》(或者说发改委55号令)的规定,电子政务项目采购货物、工程和服务应遵从优先采购本国货物、工程和服务的原则。

[问题2](5分)

总监理工程师提出的监理规划编制要求中:

(1)不正确。一份监理合同对应的项目,应只编制一份监理规划。

(2)正确。掌握项目的运行规律是监理规划的指导作用所决定的。

(3)正确。可使监理规划的内容更加简洁、直观和明确。

(4)不正确。监理规划可根据项目进展情况不断地修改和完善,但应按照审批程序重新进行审批。

[问题3](5分)

1)总监理工程师代表职责中:

(1)不正确。审批"监理实施细则"是总监理工程师的工作职责。

(2)正确。按规定总监理工程师不能将"处理索赔事件,协调各方关系工作"委托给总监理工程师代表来完成。

(3)不正确。按规定总监理工程师不能将"调换不称职的监理人员"委托给总监理工程师代表来完成。

2)专业监理工程师职责中:

(1)不正确。"签发工程款支付证书"是总监理工程师的职责。

(2)不正确。"主持审查和处理工程变更"是总监理工程师代表的职责。

[问题4](3分)

分包单位丁的说法正确。因为承建单位乙应对分包单位的工程质量问题承担连带责任。

试题二

[问题1](3分)

答复:同意推迟5天开工(或同意2009年3月6日开工)。

理由：机房施工环境没有准备好属建设单位甲责任，且施工单位乙在合同规定的有效期内（开工日期之前）提出了申请。

[问题2]（3分）

不妥。

理由：没有出厂合格证明的原材料不得进场使用。

[问题3]（8分）

单位乙组织。

答复：同意补偿设备拆除、重新安装和试车费用合计6万元，因为设备本身出现问题，不属于单位乙的责任。

虽然G工作持续时间延长15天，只影响工期5天，因此同意顺延工期5天。

试题三

[问题1]（5分）

（1）投标人具备《计算机信息系统集成资质》二级以上资质的要求应采纳。

理由：国家有关部门（文件）要求。

（2）投标人通过CMMI认证（三级以上）的要求应采纳。

理由：可以保证工程质量（对保证工程质量有促进）。

（3）项目所在地行政辖区内进行了工商注册登记的要求不应采纳。

理由：以不合理条件限制或排斥潜在投标人。

（4）拥有国有股份的要求不应采纳。

理由：以不合理条件限制或排斥潜在投标人。

（5）取得涉密计算机系统集成资质的要求应采纳。

理由：因为系统要运行于内网，所以必须取得涉密计算机系统集成资质才能承担工作。

[问题2]（4分）

7月末投资偏差 $= 1254 - 1300 = -46$ 万元 < 0，投资超支。

7月末进度偏差 $= 1254 - 1440 = -186$ 万元 < 0，进度拖延。

[问题3]（6分）

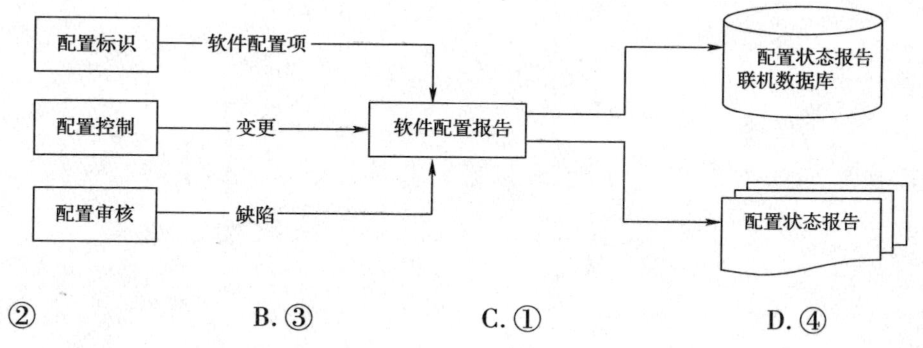

A. ②　　B. ③　　C. ①　　D. ④

试题四

[**问题1**](5分)

①错 ②错 ③对 ④错 ⑤对 ⑥对 ⑦错 ⑧对 ⑨错 ⑩对

[**问题2**](3分)

正确。

理由:承建单位为了确保安装质量采取的技术措施所增加的费用应由承建单位承担。

[**问题3**](3分)

不完整。

根据《国家电子政务工程建设项目管理暂行办法》(或发改委55号令),项目责任人应向项目审批部门报告项目建设过程中的设计变更等情况。

[**问题4**](4分)

正确。

依据:《国家电子政务工程建设项目档案管理暂行办法》规定电子政务项目文件材料的收集、整理、归档应与项目建设进程同步实施。单项工程验收时应同步进行档案验收。

试题五

[**问题1**](6分)

A.② B.① C.③ D.⑥ E.③ F.⑤

[**问题2**](4分)

监理工程师应该建议单位乙:增加人员等资源,适当加班,交叉作业,调换不称职项目人员,增加高水平人员,采用适当的开发模型和开发工作……

[**问题3**](4分)

应由项目建设单位组织。

依据:《国家电子政务工程建设项目管理暂行办法》规定,在信息安全方面,项目建设单位或者相关单位组织信息安全风险评估,提出信息安全风险评估报告。

2012年上半年信息系统监理师

案例分析试题(下午)

试题一(10分)

阅读下列说明,回答问题1至问题2,将解答填入答题纸的对应栏内。

[说明]

某电子商务应用系统项目已由承建单位完成了开发工作,正在开展验收前的各项测试工作。为了保证系统上线后业务的顺畅运行,建设单位要求监理单位对承建单位的性能测试进行重点把关和审核。在性能测试过程中,监理单位重点检查了承建单位测试方案及相应的测试指标设定,保证了测试的正确性和完整性。

[**问题1**](4分)

(1)测试方案中设定的压力测试指标中,并发用户数是监理关注的重点内容,现假设该系统有100人同时在线,在线状态如下:①45人填写调查问卷;②30人浏览各种网页;③25人在线聊天。

则对服务器系统压力最大的应用时________(从下述候选答案中选择)。

A. ①　　B. ②　　C. ③　　D. 无法判定

(2)监理人员需要了解性能测试相关的简单命令,例如查看内存统计的linux命令是________(从下述候选答案中选择)。

A. vmstat　　B. iostat　　C. top　　D. netstat

[**问题2**](6分)

为保证性能测试指标的合理性,监理审核了与操作系统、数据库、应用软件等相关的性能指标,请指出这些性能指标包括哪些?

试题二(13分)

阅读下列说明,回答问题1至问题3,将解答填入答题纸的对应栏内。

[说明]

某省重点电子政务工程建设项目由中央财政投资,建设内容包括综合布线、网络和主机系统等,工期一年。建设单位甲通过公开招标选择公司乙为承建单位,并选择了监理公司丙承担该项目的全过程监理工作。

事件1:监理在审核综合布线系统设计方案时,发现下列设计中存在错误:

(1)综合布线系统(PDS)应是开方式星型拓扑结构,应能支持电话、数据、图文、图像等多媒体业务的需要。综合布线系统按照4个部分进行设计。

(2)水平子系统设计中：

①在工作区的跳线的最大长度不能超过 8m；

②工作区子系统设计中，每 15m^2 为 1 个工作区，对于增强型设计等级，每个工作区安排 4 个信息插座。

事件 2：在项目的设计阶段，监理审核了技术方案中的信息安全保障措施，发现参与建设的各方对信息安全存在着许多不同看法：

①信息根据敏感程度一般可分成非保密的、内部使用的、保密的、绝密的几类。

②计算机系统的脆弱性主要来自于网络操作系统的不安全性。

③定期检查操作系统的安全日志和系统状态有助于操作系统安全。

④防火墙中应用的数据包过滤技术是基于数据包的 IP 地址及 TCP 端口号而实现对数据过滤的。

⑤数字签名一般采用对称密码算法。

⑥网络服务对系统的安全没有影响，因此可以随意地增加网络服务。

事件 3：经过一年的实施，项目主体工程已按照设计完成，能满足系统运行的需要，各类档案文件齐全。为本项目配套建设的机房的各项内容经过有关部门的检测均符合国家标准。但是由于机房所在的政务大楼的消防设施还未通过正式验收，因此机房的消防验收需要和政务大楼的消防验收同时进行。

[**问题 1**](6 分)

针对事件 1，请在带有下划线的空白处填写正确答案。

(1)综合布线系统可分为________子系统、________子系统、________子系统、________子系统、________子系统、________子系统等六个部分。

(2)

①在工作区的跳线的最大长度不能超过________ m。

②工作区子系统设计中，________ m^2 为 1 个工作区，对于增强型设计等线，每个工作区安排________个信息插座。

[**问题 2**](3 分)

针对事件 2，请判断有关信息安全方面的看法是否正确，将“√”(对)或者“×”(错)符号填入答题纸对应栏内。

[**问题 3**](4 分)

针对事件 3，从监理的角度指出本项目是否可以进行验收，并说明理由和依据。

试题三(16 分)

阅读下列说明，回答问题 1 至问题 4，将解答填入答题纸的对应栏内。

[**说明**]

某政府部门先期招标选定监理单位对其应用系统开发项目实施全过程监理。监理协助建设单位确定业务需求后，由招标代理机构启动了该项目招投标工作，在招投标过程中，发生了以下事件：

事件1：为了节约成本及增加招标成功率，招标代理机构先期发布了招标预审公告。

事件2：预审过程中，投标资质符合要求的单位不足3家，建设单位准备直接将公开招标调整为竞争性谈判进行采购。监理单位对此提出了异议，并建议建设单位修改招标文件，继续以公开招标方式采购。

事件3：预审结束后，招标代理机构发布了招标公告，确定5月26日上午9点30分开标。其中某个投标单位9点入场时，所有文件均未密封和盖章，投标单位按照要求现场密封投标文件及开标一览表。

事件4：投标截止时，只有3家单位投标，评标过程中，由于某投标单位的投标有效期不满足招标文件要求而废标，致使有效投标单位不足3家，专家组一致认定本次招标流标。

[**问题1**]（2分）

按照《招标投标法实施条例》，发布招标预审公告后，提交资格预审申请文件的时间，是自资格预审文件停止发售之日起不得少于________日（从下述候选答案中选择）。

A. 3　　B. 5　　C. 10　　D. 20

[**问题2**]（6分）

（1）事件2中，监理单位的建议是否正确？请说明理由。

（2）假设可以将公开招标调整为竞争性谈判方式采购，作为监理，你认为应该履行哪些手续才可行？

[**问题3**]（4分）

事件3中，投标单位的做法是否正确？并说明原因。

[**问题4**]（4分）

事件4中，为了避免再次流标，提高招投标活动的成功率，作为监理，你有哪些建议？

试题四（16分）

阅读下列说明，回答问题1至问题3，将解答填入答题纸的对应栏内。

[**说明**]

建设单位甲以招标的方式委托监理公司丙承担某电子政务工程项目任务，并签订了监理合同。甲又以公开招标的方式选择了承建单位乙承担该项目的建设任务，并签订了实施合同。项目过程中，发生了如下事件：

事件1：丙对该项目的监理工作非常重视，特指派公司的副经理任项目总监理工程师。总监理工程师要求公司技术负责人和技术部门人员主持编制该项目的监理规划，参加编写的人员将计算机中已有的其他项目的监理规划与投标时的监理大纲稍作修改作为该项目的监理规划，公司经理审核并签字后报送到甲。

事件2：项目原实施计划如图4-1所示，该工程总工期为1年。在工程按计划进行14周后（已完成A工作施工），甲向乙提出增加一项新的工作内容K，该项工作要求在C工作结束以后开始，并在D工作开始前完成，以保证D工作在B和K工作完成后开始实施。根据由乙提出并经监理工程师研究认可的 K 工作计划，该项工作的实施时间需要 9 周。

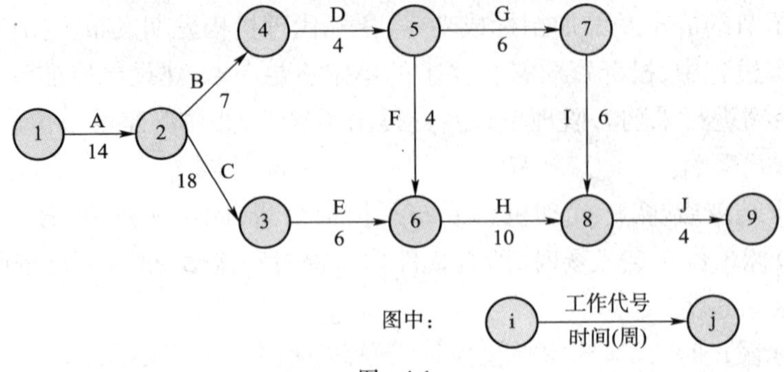

图 4-1

事件3：按照原实施计划，C、G 两项工作均使用同一台测试设备先后进行测试，而新增加的工作 K 仍拟用该测试设备做测试。现乙提出，由于增加 K 工作后，使租用的测试设备增加了闲置时间，要求补偿设备闲置费用（按每台测试设备闲置一周 7000 元计）。

[**问题1**]（5 分）

针对事件 1，指出监理公司丙编制监理规划工作的错误之处并给出正确做法。

[**问题2**]（6 分）

针对事件 2，请回答：

（1）给出原实施计划的关键路径，并计算出实施工期。

（2）请指出增加一项新工作 K 后的关键路径，并计算此时的工期。

（3）实施新计划后项目工期可延长多少周？

[**问题3**]（5 分）

针对事件 3，请问监理工程师是否应同意乙提出的补偿要求？如果补偿，应补偿费用多少元？如果不补偿，请说明理由。

试题五（20 分）

阅读下列说明，回答问题 1 至问题 4，将解答填入答题纸的对应栏内。

[**说明**]

某地方政府拟对其门户网站进行改造，该工程涉及网站首页改版、二级页面改造、数据迁移、系统集体等建筑内容，保护等级定位 3 级，初步设计和实施分别立项。在建设过程中，发生如下事件：

事件1：为了保证初步设计工作顺利开展，建设单位以邀标方式选中丙公司承担初步设计阶段的监理工作，丙公司对初步设计报告进行了审核。

事件2：该项目的初步设计通过主管部门批复后，建设单位以公开招标方式确定由乙公司承担该工程的实施阶段任务。同时考虑到丙公司对工程建设情况比较熟悉，因此建设单位直接与丙公司续签了监理合同，由丙公司承担工程实施阶段的项目监理工作。

事件3：由于乙公司项目团队专业技术能力的原因，造成数据迁移工作进展缓慢，对工程整个进度产生了不利影响。

事件4:为了保证系统的安全性符合国家相关规定,同时能顺利通过项目验收,正式上线运行前,丙公司建议建设单位进行系统安全方面的测评工作。

[**问题1**](8分)

作为监理,你认为事件1中初步设计报告审核的重点有哪些?

[**问题2**](4分)

请指出事件2中建设单位直接指定由丙公司承担工程实施阶段的项目监理工作是否妥当,并说明理由。

[**问题3**](6分)

针对事件3的情况,丙公司应采取哪些措施以推进项目的实施?

[**问题4**](2分)

针对事件4,丙公司应建议建设单位进行哪些系统安全方面的测评工作?

2012年上半年信息系统监理师

案例分析试题(下午)解析及答案

试题一

[问题1]

(1)D

(2)C

分析:本题主要考查对系统性能测试命令的了解情况。

(1)vmstat。报告关于内核进程、虚拟内存、磁盘、CPU活动状态的工具。

(2)iostat。提供I/O状态的数据,比如显示设备(磁盘)的使用状态,以及每秒的传输次数,设备每秒读取的数据量,写入的数据量等。

(3)top。是Linux下常用的性能分析工具,能实时显示系统中各个进程的资源占用,类似于Windows下的任务管理器。

(4)netstat。监控TCP/IP网络的非常有用的工具,它可以显示路由表、实际的网络连接以及每一个网络接口设备的状态信息。它用于显示与IP、TCP、UDP和ICMP协议相关的统计数据,一般用于检验本机各端口的网络连接情况。

[问题2]

远程处理延迟、每秒交易量、最大用户数、CPU平均利用率、内存平均使用率、内存平均占用率。

分析:本题考查对相关平台的测试指标的了解。在进行验收测试时,对于具体的测试内容通常可以包括安装(或升级)、启动与关机、功能测试(如正例、重要算法、边界、时序、反例、错误处理)、性能测试(如正常的负载、容量变化)、压力测试(如临界的负载、容量变化)、配置测试、平台测试、安全性测试、恢复测试(如在出现掉电、硬件故障或切换、网络故障等情况时,系统是否能够正常运行)、可靠性测试等。

性能测试和压力测试一般情况下是在一起进行的,通常还需要辅助工具的支持。在进行性能测试和压力测试时,测试范围必须限定在那些使用频度高的和时间要求苛刻的软件功能子集中。由于承建单位已经事先进行过性能测试和压力测试,因此可以直接使用承建单位的辅助工具。也可以通过购买或自己开发来获得辅助工具。具体的测试方法可以参考相关的软件工程书籍。

如果执行了所有的测试案例、测试程序或脚本,验收测试中发现的所有软件问题都已解决,而且所有的软件配置均已更新和审核,可以反映出软件在验收测试中所发生的变化,验收测试就完成了。

对于操作系统、数据库、应用软件的性能测试指标,主要包括远程处理延迟、每秒交易数量、最大用户数、CPU 平均利用率、内存平均使用率、内存平均占用率。

影响操作系统的性能指标主要有:

(1)CPU 相关:CPU 利用率、系统调用率、进程队列长度。

(2)内存相关:如每秒钟处理的错误的页面、有效的空闲物理内存总量等。

(3)磁盘:读或写入磁盘请求提供服务所需的时间、当前磁盘队列长度。

(4)影响数据库性能常见指标有锁、处理延迟时间、最大用户连接数等。

(5)影响应用软件的常见指标有每秒交易数量、CPU 利用率、处理延迟时间等。

试题二

[问题1]

(1)工作区　垂直干线　水平布线　设备间　管理间　建筑群

分析:

①工作区子系统。

工作区是工作人员利用终端设备进行工作的地方。一个独立的、需要配置终端的区域可划分为一个工作区,通常按 8~10m^2 设计一个数据点和一个语音点来计算信息点,也可以根据用户的需要设置。工作区子系统又称为服务区子系统,它由 RJ-45 跳线与信息插座所连接的设备(终端或工作站)组成。其中,信息插座有墙上型、地面型、桌上型等多种类型。

②垂直干线子系统。

垂直干线子系统也称干线子系统,它是整个建筑物综合布线系统的一部分。它提供建筑物的干线电缆,负责连接管理子系统和设备间子系统,一般使用光缆或选用大对数的非屏蔽双绞线。

③水平布线子系统。

水平布线子系统也称为不平干线子系统。水平布线子系统是整个布线系统的一部分,它是从工作区的信息插座开始到管理子系统的配线架,功能是将工作区信息插座与楼层配线间的 IDF(中间配线架)连接起来。

④设备间子系统。

设备间子系统也称设备子系统。设备间子系统由电缆、连接器和相关支撑硬件组成。它把各种公共系统的多种不同设备互连起来,其中包括电信部门的光缆、同轴电缆、程控交换机等。

⑤管理间子系统。

管理间子系统由交连、互联和 I/O 组成。管理间为连接其他子系统提供手段,它是连接垂直干线子系统和水平干线子系统的设备,其主要设备是配线架、交换机和机柜、电源等。

⑥建筑群子系统。

建筑群子系统是将一个建筑物中的电缆延伸到另一个建筑物的通信设备和装置,通常由光缆和相应设备组成,建筑群子系统是综合布线系统的一部分,它支持建筑物间通信所需的硬件,其中包括导线电缆、光缆以及防止电缆上的脉冲电压进入建筑物的电气保护装置。

(2)①5 ②10 2

[问题2]

①× ②√ ③× ④√ ⑤× ⑥×

[问题3]

不能。

理由和依据:《国家电子政务工程建设项目验收大纲》的规定,可以进行验收的前提条件之一是:建设项目涉及的系统运行环境的保护、安全、消防等设施已按照设计与主体工程同时建成并经试运行合格。

试题三

[问题1]

B

分析:本题考查对于在招投标阶段,对承建单位的资格预审申请文件时间的了解情况。

《中华人民共和国招投标实施条例》第十五条、第十六条对资格预审进行了相应规定:

第十五条　公开招标的项目,应当依照招标投标法和本条例的规定发布招标公告、编制招标文件。

招标人采用资格预审办法对潜在投标人进行资格审查的,应当发布资格预审公告、编制资格预审文件。

依法必须进行招标的项目的资格预审公告和招标公告,应当在国务院发展改革部门依法指定的媒介发布。在不同媒介发布的同一招标项目的资格预审公告或者招标公告的内容应当一致。指定媒介发布依法必须进行招标的项目的境内资格预审公告、招标公告、不得收取费用。

编制依法必须进行招标的项目的资格预审文件和招标文件,应当使用国务院发展改革部门会同有关行政监督部门制定的标准文本。

第十六条　招标人应当按照资格预审公告、招标公告或者投标邀请书规定的时间、地点发售资格预审文件或者招标文件。资格预审文件或者招标文件的发售期不得不少于5日。

[问题2]

(1)正确。

理由:因尚不符合进入竞争性谈判的条件。

(2)公开招标调整为竞争性谈判方式采购,必须将调整理由报送财政主管部门审批同意后,方可执行。

分析:本题考查在什么情况下采用竞争性谈判这一知识点。

《政府采购法》中对政府采购方式规定有:

(一)公开招标;

(二)邀请招标;

(三)竞争性谈判;

(四)单一来源采购；

(五)询价；

(六)国务院政府采购监督管理部门认定的其他采购方式。

公开招标应作为政府采购的主要采购方式。

符合下列情形之一的货物或者服务，可以依照本法采用竞争性谈判方式采购：

(一)招标后没有供应商投标或者没有合格标的或者重新招标未能成立的；

(二)技术复杂或者性质特殊，不能确定详细规格或者具体要求的；

(三)采用招标所需时间不能满足用户紧急需要的；

(四)不能事先计算出价格总额的。

在题目中"预审过程中，投标资质符合要求的单位不足3家，建设单位准备直接将公开招标调整为竞争性谈判进行采购"，建设单位的做法不正确，因为它还不符合进入竞争性谈判的条件。

[**问题3**]

正确。

理由：根据《招标投标法》第二十四条，招标人应当确定投标人编制投标文件所需要的合理时间。但是，依法必须进行招标的项目，自招标文件开始发出之日起至投标人提交投标文件截止之日止，最短不得少于二十日。投标单位送达标书的时间没有超过规定的期限，所以投标单位的做法正确。

[**问题4**]

为了避免再次流标，提高招标投标活动的成功率，可以：

(1)建议建设单位向尽可能多的符合资质要求的单位发出邀请以增加投标单位数量。

(2)建议发布招标预审公告或招标公告时，突出强调招标文件中的星号条款等可能引起废标的相关规定。

(3)可以向允许的媒体公布公开招标的信息，以吸取更多的投标方参与投标。

试题四

[**问题1**]

(1)不应由公司技术负责人和技术部门人员主持编制该项目的监理规划。应由总监理工程师主持，各专业监理工程师参加编制。

(2)监理规范不应由公司经理进行审核和签字，应由总监理工程师进行审核和签字。

(3)不应将计算机中已有的其他项目的监理规划与投标时的监理大纲稍作修改作为该项目的监理规划，应根据合同，针对工程的特点和规模，编写监理大纲。

分析：监理规划是在监理委托合同签订后，由监理单位制定的指导监理工作开展的纲领性文件。它起着指导监理单位规划自身的业务工作，并协调与建设单位在开展监理活动中的统一认识、统一步调、统一行动的作用。由于监理规划是在委托合同签订后编制的，监理委托关系和监理授权范围都已经很明确，工程项目特点及建设条件等资料也都比较翔实。因此，监理规划在内容和深度等方面比监理委托合同更加具体化，更加具有指导监理工作的实际价值。编制它属于总监理工程师的职责。应根据项目的实际特点与合同要求来进行编制，最后由总监理工程师进行审核和签字。

[问题2]

(1)原实施计划关键线路为A→C→E→H→J，工期为52周。

(2)增加新工作K后，网络计划如图所示，关键线路变为A→C→K→D→F→H→J。

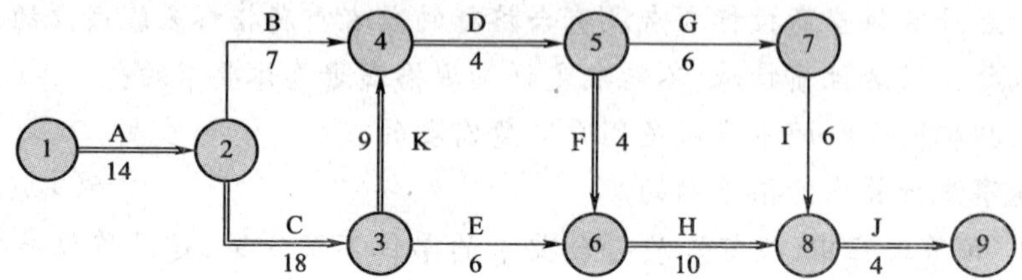

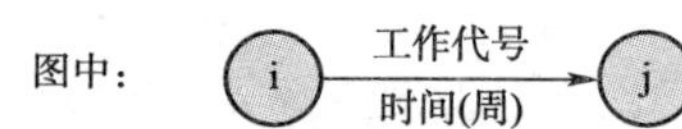

(3)63 - 52 = 11，故监理工程师应给予乙工期延长11周。

分析：

(1)首先得掌握如何计算出关键路径，找出哪些是关键活动。再将关键活动的工期相加后就得到总工期了。

双代号网络图(AOA)，是用箭线表示活动、节点表示事件的一种网络圈绘制方法。在AOA中给每个事件而不是每项活动指定一个唯一的代号。活动的开始(箭尾)事件叫做该活动紧前事件(precede event)，活动的结束(箭头)事件叫该活动的紧随事件。

在题目中，有A到J共9个活动，我们要找出关键路径，即找出在整个项目中，哪一条(或几条)路径是完成项目所必须要经历的时间。在关键路径上的活动叫关键活动，关键活动不允许延迟，否则会引起项目的进度滞后。依题分析后得到原实施计划关键线路为A→C→E→H→J，工期为52周。

(2)在第一小问求出的关键路径的基础上，再增加一项K活动，工作K要求在C工作结束以后开始，并在D工作开始前完成，以保证D工作在B和K工作完成后开始实施，K的实施时间需要9周。

这时我们需要考虑在增加K活动后，是否会引起关键路径的变化，这是最需要关注的一点。因为K活动历时需要9周，依据各工作的逻辑关系确定网络图如上图所示，求得关键路径为A→C→K→D→F→H→J，将各工作的历时相加后得到总工期为63周。

(3)只需要考虑增加K工作后的工期与原来的工期间的差异，就能得知延长的工期数了。原计划工期为52周，因增加K工作后工期变成了63周，所以监理应允许延长11周。

[问题3]

监理工程师应同意补偿，因为原计划C工序完成后可进行G工序实施，无设备闲置时间，增加K工序后机械闲置时间为4周，应补偿28000元。

分析：因为原计划C工序完成后可进行G工序实施，无设备闲置时间，增加K工序后机械闲置时间为 4 周(题目中提到按每台测试设备闲置一周 7000 元计),所以应补偿 28000 元。

试题五

［问题 1］

(1)审核初步设计报告是否全面影响可行性研究报告批复精神(初设与可研的一致性等答案也可)。

(2)审核初步设计报告格式的完整性(没有缺项、漏项等答案均可)。

(3)审核初步设计需求分析的合理性(深入的需要分析等答案也可)。

(4)审核初步设计报告中各项指标、参数的合理性,并应符合市场规律(指标合理、功能合理可行、概算合理等答案均可)。

(5)审核初步设计报告相关资料的规范性(文档规范性等答案也可)。

(6)协助并组织专家预审工作(专家审核等答案也可)。

分析:本题考查对于初步设计阶段与实施阶段相关知识点的了解与掌握情况。

信息应用系统的开发一般分为准备阶段、分析设计阶段、实施阶段、验收阶段。

设计阶段的目标是根据软件要求,以及功能和性能需求,进行数据设计、系统结构设计和过程设计。数据设计侧重于数据结构的定义。系统结构设计定义软件系统各主要成分之间的关系。过程设计则是把结构成分转换成软件的过程性描述。在编码步骤,根据这种过程性描述,生成源程序代码,然后通过测试最终得到完整有效的软件。

软件设计是后续开发步骤及软件维护工作的基础。如果没有设计,只能建立一个不稳定的系统结构。软件设计一般分成概要设计和详细设计,软件设计任务分两步完成,概要设计,将软件需求转化为数据结构和软件的系统结构;详细设计,也就是过程设计。通过对结构表示进行细化,得到软件的详细的数据结构和算法。在软件设计的不同阶段都会有相应的输出以形成相应的报告。在初步设计阶段,监理审核初步设计报告时需要重点关注。

(1)审核初步设计报告是否全面响应可行性研究报告批复精神。

(2)审核初步设计报告格式的完整性。

(3)审核初步设计需求分析的合理性。

(4)审核初步设计报告中各项指标、参数的合理性,并应符合市场规律。

(5)审核初步设计报告相关资料的规范性。

(6)协助并组织专家预审工作。

［问题 2］

不妥。

理由:因为不符合《招标投标法》和政府主管部门关于电子政务建设项目的有关规定。

分析:因为初步设计和实施是分别立项的,《招标投标法》规定,已公开招标项目,必须通过公开招标的方式来确定承建方和监理方,而不能直接与丙续签合同。

［问题 3］

(1)组织召开专题会议,协商解决方案。

(2)发出《监理通知单》,要求乙公司整改。

(3)要求乙公司增加高层次技术人员(加强团队技术实力等答案也可)。

(4)要求乙公司提供更新的实施计划,纳入配置基线进行监管。

(5)建议建设单位对乙公司进行延期索赔。

分析:因为乙公司项目团队专业技术能力的原因,造成数据迁移工作进展缓慢,对工程整体进度产生了不利影响。

(1)组织召开专题会议,协商解决方案。

(2)发出《监理通知单》,要求乙公司整改。

(3)要求乙公司增加高层次技术人员(加强团队技术实力等答案也可)。

(4)要求乙公司提供更新的实施计划,纳入配置基线进行监督。

(5)建议建设单位对乙公司进行延期索赔。

[**问题4**]

建议建设单位开展安全等级保护测评与安全风险评估工作。

分析:考查信息安全风险评估工作实施点。国家发展和改革委员会、公安部、国家保密局《关于加强国家电子政务工程建设项目信息安全风险评估工作的通知》(发改高技〔2008〕2071号)中明确规定,项目建设单位应在项目建设任务完成后试运行期间,组织开展该项目的信息安全风险评估工作,并形成相关文档,该文档应作为项目验收的重要内容。

2012年下半年信息系统监理师

案例分析试题(下午)

试题一(15分)

阅读下列说明,回答问题1至问题4,将解答填入答题纸的对应栏内。

[**说明**]

某监理公司丙承担了某市政务信息化项目实施的监理任务,该工程由承建单位乙承担建设任务。实施过程中发生了以下事件:

事件1:在招标文件中,按时间定额计算,工程的日历天数为505天,但在项目合同中,开工日期为2009年11月18日,交工日期为2011年4月23日,工期的日历天数为522天。

事件2:在设计开发阶段,监理工程师发现有的业务流程不符合用户需求或与用户实际的业务流程不符。

事件3:在软件开发阶段,监理对承建单位的《质量保证计划》进行审查时发现承建单位依据的标准有误。

事件4:建设单位还要求监理机构对于项目主要实施过程,无论是软件的开发过程与测试过程,还是设备安装与调试过程,都要求严格把好实施质量关,要达到合同规定的高标准和高质量保准率。

[**问题1**](4分)

针对事件1,作为监理工程师,你认为项目实施的工期应为多少天?为什么?

[**问题2**](5分)

针对事件2,监理应如何处理?应由哪一方(监理单位、建设单位、承建单位)做出最终决定?

[**问题3**](2分)

承建单位应该根据________标准编写《质量保证计划》(从以下候选答案中选择):

A. GB/T 12504　　B. GB/T 17504　　C. GB/T 15504　　D. GB/T 16260

[**问题4**](4分)

针对事件4,请指出监理工程师实施过程质量控制的手段主要有哪几个?

试题二(12分)

阅读下列说明,回答问题1至问题4,将解答填入答题纸的对应栏内。

[**说明**]

建设单位甲以招标的方式委托监理公司丙承担某电子政务工程项目监理任务,并签订了监理合同。甲又以公开招标的方式选择了承建单位乙承担项目的建设任务，并签订了实施合同。项目过程中，发生了如下事件：

事件1：承建单位乙根据合同编制了如表2-1所示的机房建设工作实施计划表。

表2-1

工作名称	紧前工作	持续时间
A	—	15
B	—	10
C	AB	10
D	AB	10
E	B	5
F	D、E	5
G	C、F	20
H	D、E	10
I	G、H	15

事件2：工程实施过程中，为了保证电子政务环境的高质量和高可靠，建设单位甲要求针对综合布线系统进行全面的测试。

[**问题1**]（9分）

针对事件1：

（1）根据实施计划表编制的部分进度计划网络图如图2-1所示，请在答题纸上将进度计划网络图补充完整。

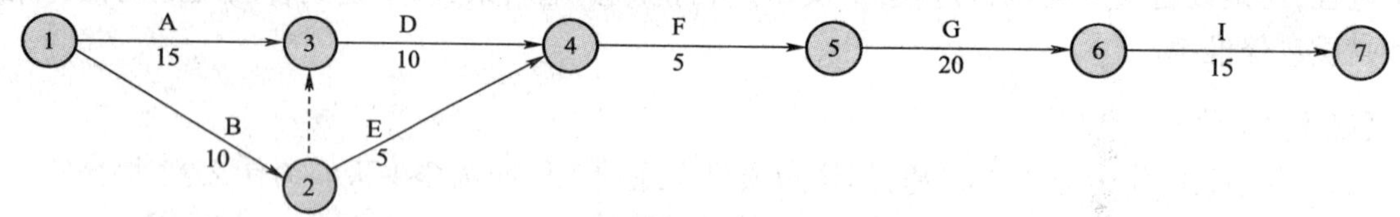

图 2-1

（2）指出该工程进度计划的关键路径，并计算总工期。

（3）由于承建单位自身原因，工作E持续时间增加10天，在其他条件不变的情况下，承建单位能保证交货日期吗？说明理由。

（4）由于设计变更原因，工作H持续时间增加18天，承建单位提出了延长工期18天的要求，监理工程师可以批准多少天的延期？为什么？此时总工期为多少天？

[**问题2**]（3分）

针对事件2，作为监理工程师请回答，对UTP链路测试的主要内容有哪些？

试题三（13分）

阅读下列说明，回答问题1至问题4，将解答填入答题纸的对应栏内。

[**说明**]

某企业信息化工程建设项目，建设单位甲分别与建设单位乙、监理单位丙签订了项目承

建合同和监理合同,在项目实施过程中发生了如下事件:

事件1:承担项目监理工作之初,总监理工程师召集有关监理人员专门讨论了如何加强监理文件档案资料的管理问题,涉及有关监理文件档案资料管理的意义、内容和组织等方面的问题。

事件2:甲方要求设计开发出的软件系统具备较高的可移植性,为此乙方提出了提高软件可移植性的一些措施。

A. 提供没有错误的程序　　　　B. 建立质量保证制度

C. 改造程序文档质量　　　　　D. 明确软件质量标准

E. 增加测试人员数量

事件3:乙方项目经理指定李工安排该项目的集成测试工作,李工决定由两个测试小组每天独立进行相关的测试,每个测试小组由程序设计人员和有关用户代表两类人员构成。

[**问题1**](7分)

在事件1中,作为监理工程师,请简要叙述:

(1)对监理文件档案资料进行科学管理的意义。

(2)监理文件档案资料管理的主要内容。

[**问题2**](4分)

事件2中,监理工程师审查了乙方给出的措施后,认为有两项措施无助于提高软件的可移植性,请你指出(只能选择两项)。

[**问题3**](2分)

指出事件3中李工在软件测试的组织工作中存在的问题。

试题四(20分)

阅读下列说明,回答问题1至问题4,将解答填入答题纸的对应栏内。

[**说明**]

某省广播电视第三方服务公司(甲方公司)准备建设一套基于数字电视用户的消费账户支付系统和结算系统。通过市场调研,甲方公司认为目前该行业正处于市场培育期,没有可供借鉴的标准和经验,因此为了保证实施的效果,准备先期在某地市进行试点。同时,为了快速开发完成相关业务,甲方公司采取"边设计、边实施、边监理"的工作模式,采用邀标的方式同时召入了设计单位A、集成单位B、监理单位C。在建设过程中,发生如下事件:

事件1:为了快速理解业务需求,甲方公司要求设计单位A、集成单位B投入充足的资源,分别开展调研工作,并由监理单位C进行总体协调。

事件2:经过设计单位A、集成单位B双方调研,最终确认需要开展核心交易类、运营管理类、辅助类等系统功能。

事件3:集成单位B在投设备标时,获得了原厂供应商的授权,但由于商务人员失误,最终以低于成本的价格中标,为了追求成本与利润的平衡,集成单位B从金牌代理商处协调设备供货,并正常顺利上架安装,但加电测试过程中,该批设备中某台设备由于主板损坏而宕机,甲方随即拨打原厂售后服务电话,但原厂以该批设备不属于投标时原厂承诺的授权范围为由而拒绝提供原厂支持服务。

事件4:集成单位B为了快速开发完成业务需求,使用了自有软件产品——报表系统。待开发完成后,集成单位B为此向甲方公司、监理单位C提出追加费用要求。

[**问题1**](4分)

站在监理的角度,请识别事件1中存在的风险有哪些。

[**问题2**](3分)

根据事件2,从设计者的角度,你认为系统中的账单查询、消费支付、用户管理等功能各属于上述3类功能中哪一类的内容?

[**问题3**](10分)

(1)在事件3中,原厂商拒绝提供支持服务是否恰当?监理单位应如何处理?

(2)作为该项目监理工程师,你认为该如何解决服务器宕机的问题?

[**问题4**](3分)

针对事件4,站在监理的角度,你是否支持集成单位B追加费用的请求,为什么?

试题五(15分)

阅读下列说明,回答问题1至问题4,将解答填入答题纸的对应栏内。

[**说明**]

某市作为试点,由国家发改委立项批复智慧城市项目,使用财政资金作为国家重大项目实施。该市项目实施方(甲方)分两阶段完成项目规划设计的招标采购工作:首先进行概念设计阶段的招标,即招标该市智慧城市建设的概念设计,由某系统集成企业A中标;其后,根据A企业的设计思路,再进行项目总体规划招标,由中标单位完成总体规划编制工作。

事件1:在概念设计招标过程中,甲方考虑其余投标各方均进行了必要的工作,拟对未中标的所在单位予以适当的经济补偿,并写入招标文件。

事件2:该项目设计思路上引用了国外某家企业的智慧平台理念,故在招标文件中明确了包含服务器型号、软件名称在内的全套产品。

事件3:A企业作为先期设计单位,对于建设内容的理解及把握存在一定优势。在总体规划项目的公开招标中中标,成为该项目的总体规划编制单位。

[**问题1**](4分)

在事件1中,甲方行为是否恰当?请说明理由。

[**问题2**](6分)

在事件2中,招标文件编制是否规范?请给出依据及理由。

[**问题3**](5分)

在事件3中,A企业通过公开招标成为项目总体规划编制单位是否合理?请说明理由。

2012 年下半年信息系统监理师

案例分析试题(下午)解析及答案

试题一

[问题 1](4 分)

虽然招标文档是签订合同所遵循的依据,但合理的工期应为 522 天(2 分),理由是合同与招标文件出现矛盾时,应该以合同为准(2 分)。

[问题 2](5 分)

监理应向建设单位(业主单位)(2 分)提交监理意见(1 分),建设单位(2 分)对承建单位做出整改决定。

[问题 3](2 分)

A

[问题 4](4 分)

监理工程师进行施工过程质量控制的手段主要有以下四个方面:

(1)通过评审手段进行控制。(1 分)

(2)通过测试手段进行控制。(1 分)

(3)通过旁站手段进行控制。(1 分)

(4)通过抽查手段进行控制。(1 分)

试题二

[问题 1]

(1)

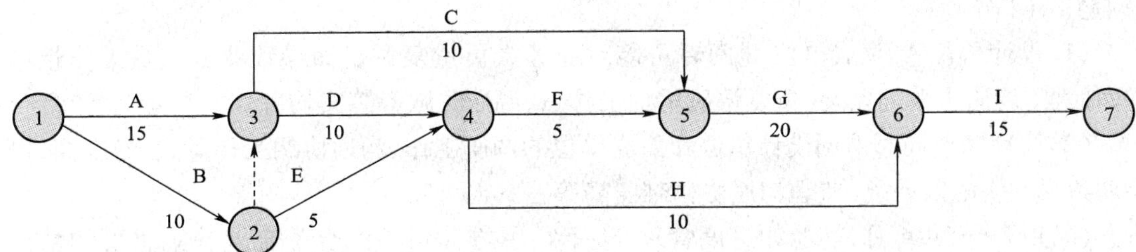

(每个 1 分,共 2 分)

(2)关键路径为①→③→④→⑤→⑥→⑦

(或 A→D→F→G→I)(1 分),总工期为 65 天(1 分)。

(3)能。(1 分)

理由:因为E工作原处在非关键路径上,增加10天后,用掉了E工作的总时差,能保证工期不受影响(1分)。但已变成关键工作,处在关键路径上。

(4)只能批准3天。(1分)

原因:因为H工作处在非关键路径上,有15天自由时差(1分),此时总工期为68天(1分)。

[**问题2**](3分)

对UTP链路测试的主要内容有:接线图、链路长度、衰减、近端串扰、接线、连线长度、衰减量、SRL、等效式远端串扰、综合远端串扰、回波损耗、衰减串扰比。(每个0.5分)

(回答下列答案每个也可得0.5分:信息插座到楼层配线架的连通性测试、主干线连通性测试、跳线测试、电缆通道性能测试、光缆连通性测试。)

试题三

[**问题1**](7分)

(1)监理文件档案资料进行科学管理的意义为:

①可以为监理工作的顺利开展创造良好条件。

②可以极大地提高监理工作效率。

③可以为建设工程档案的归档提供可靠保证。

(答对1项1分,共3分,其他答案正确酌情给分)

(2)监理文件档案资料管理的主要内容包括:监理档案的收集、整理、立卷、借阅、归档、作废。(答对1项1分,最多4分,其他答案正确的酌情给分)

[**问题2**](4分)

A　E　(每个2分,共4分,多于两项的答案按前两项评分)

[**问题3**](2分)

测试小组当中还应包括专职测试人员。(2分)

试题四

[**问题1**](4分)

(1)设计单位A、集成单位B两者可能对业务人员重复调研而导致业务人员工作量增加,增大了调研失败的风险(重复调研增加工作量,调研失败等答案均可)。

(2)监理需要同时协调设计单位和集成单位的调研工作,沟通协调工作量大、难度高,可能使项目调研陷入混乱(监理沟通协调难度高等答案也可)。

(每项2分,共4分,其他如进度管理不一致、甲方公司不配合等合理答案也可酌情给分,但不能给满分。)

[**问题2**](3分)

账单查询属于辅助类,消费支付属于核心交易类,用户管理属于运营管理类。(每项1分,共3分)

[**问题3**](10分)

(1)恰当。(2分)

监理应责成集成单位B尽快与原厂商协调,获得原厂对甲方公司的设备授权,保证甲方公司的合法使用权限。(2分)

(2)监理工程师应从以下方面解决服务器宕机问题:

①要求集成单位B查明宕机原因,提供事故分析报告。

②要求集成单位B协商原厂更换损坏的主板。

③要求集成单位B提交事故处理报告及后缀应急解决预案。

[每项2分,共6分,其他答案如果合理(如提供临时备机给1分),酌情给分,但不能给满分。]

[**问题4**](3分)

不支持。(1分)

原因:因为这是甲方的正常业务需求(或乙方投标时已包括该部分功能需求实现的报价),不因为乙方实现方法的不同而额外支付费用。(2分)

试题五

[**问题1**](4分)

不恰当。(2分)

理由:针对概念设计阶段的招标工作可以对满足招标文件要求的未中标单位进行补偿(此部分有争议)。(2分)

[**问题2**](6分)

不规范。(2分)

理由:招标文件不得要求或者标明特定的投标人或产品(2分),以及含有倾向性或者排斥潜在投标人的其他内容(2分)。(如果回答指向性、排他性可以给2分,回答指定产品的可以给2分)

[**问题3**](5分)

不规范。(1分)

依据及理由:在信息系统建设中,受托为整体采购项目或者其中分项目的前期工作提供设计(1分)、编制规范、进行管理等服务的供应商,对于理解及把握采购内容具有一定的优势,其再参加该项目的采购活动,存在违反公平竞争原则(2分)的可能性。为保证政府采购公平、公正,凡为整体采购项目提供上述服务的法人及其附属机构(单位),不得再参加该整体采购项目及其所有分项目的采购活动;凡为分项目提供上述服务的法人及其附属机构(单位),不得再参加采购活动(1分)。

2013年上半年信息系统监理师

案例分析试题(下午)

试题一(20分)

阅读下列说明,回答问题1至问题4,将解答填入答题纸的对应栏内。

[**说明**]

建设单位甲通过公开招标选择承建单位乙承担某电子商务应用项目的实施任务,并委托监理单位丙对项目实施全过程监理。该工程项目涉及机房建设、系统集成和应用软件开发等建设内容。在建设过程中,发生如下事件:

事件1:为了保证项目的质量,监理机构制定了旁站监理方案。在旁站方案中旁站监理人员的职责有:

(1)核查进场材料、配件、设备等质量检验报告等,并可在现场监督承建单位进行检验。

(2)做好旁站监理记录和监理日记,保存旁站监理原始资料。

事件2:承建单位乙把机房的消防工程分包给一专业消防实施单位丁施工。该分包单位丁的资质未经监理机构验证,即进行施工,并已进行了部分消防工程的设备安装。

事件3:建设单位甲还要求监理机构对于主要的工程进行严格的质量控制,特别要求监理机构利用测试手段对软件开发进行质量控制。

事件4:监理机构制定了监理规划。在监理规划中写明,监理机构的工作任务之一是做好与建设单位、承建单位的协调工作。

[**问题1**](6分)

事件1旁站监理方案中旁站监理人员的职责是否全面?若不全面,请补充其缺项。

[**问题2**](6分)

针对事件2,监理工程师应如何处理?

[**问题3**](3分)

针对事件3的情况,对于软件开发部分,监理机构应主要对哪些方面进行测试?

[**问题4**](5分)

针对事件4,在实施阶段,项目监理机构与承建单位的协调工作应包括哪些内容?

试题二(15分)

阅读下列说明,回答问题1至问题3,将解答填入答题纸的对应栏内。

[**说明**]

某局使用财政资金进行网络升级改造,分为A、B两包。A包为存储设备及其他配套设备采购项目,B包为网络服务设计项目,包括网络服务器及总集成。

事件1:该局将A包拆分为A1包和A2包,A1包为存储设备采购,A2包为其他配套设备采购。A1包和A2包的金额都低于该市规定的需要招标的最低额度,对A1包和A2包均采用竞争性谈判方式购买。

事件2:B包招标文件的部分内容如下:(1)1台服务器:某品牌某型号产品;(2)项目招标文件于2012年3月5日起发售,2012年3月20日开标;(3)项目评标委员会有业主方代表2名,其他技术、经济专家5名。因行业的特殊性,其中2名技术专家由招标人直接确定。

[**问题1**](4分)

在事件1中,该单位的行为是否恰当?请说明理由。

[**问题2**](6分)

在事件2中,项目招标文件中的三项内容是否正确?请分别说明原因。

[**问题3**](5分)

请简要回答监理方应围绕哪几方面审核网络服务的设计?

试题三(15分)

阅读下列说明,回答问题1至问题3,将解答填入答题纸的对应栏内。

[**说明**]

建设单位甲选定监理单位丙对应用软件开发项目实施全过程监理,承建单位乙承担项目建设任务。在项目实施过程中,发生如下事件:

事件1:在应用软件开发的初期,项目遇到了因需求频繁变动而导致进度滞后、质量低下等问题,甲方要求监理单位认真分析问题出现的原因并给出解决办法。

事件2:软件测试是监理方进行质量控制的重要手段之一。总监理工程师要求监理工程师加强对乙方的测试方案、测试用例及测试数据等的重点监控。

事件3:由于开发的应用系统是企业的核心业务系统,因此软件的后期维护至关重要。在讨论如何提高软件可维护性的会议上,监理和承建单位就软件维护的一些问题产生了异议。

[**问题1**](7分)

针对事件1,导致需求变更的原因很多,请你列出一些常见的原因及可能的解决办法。

[**问题2**](4分)

在(1)、(2)中填写恰当内容(从候选答案中选择正确选项,将选项编号填入答题纸对应栏内)。

针对事件2,为了检验程序的正确性,使用白盒测试方法时,应根据<u>(1)</u>和指定的覆盖标准确定测试数据。与设计测试数据无关的是<u>(2)</u>。

(1)候选答案:

A.程序的内部逻辑　　　　B.程序的复杂程度

C.使用说明书　　　　　　D.程序的功能

(2)候选答案:

A. 该软件的设计人员 B. 程序的复杂程度

C. 源程序 D. 项目开发计划

[**问题3**](4分)

在(1)~(4)中填写恰当内容。(从候选答案中选择正确选项,将选项编号填入答题纸对应栏内)

针对事件3,一般来说,在软件维护过程中,大部分工作是由(1)引起的。在软件维护的实施过程中,为了正确、有效地修改程序,需要经历以下三个步骤:分析和理解程序、修改程序和(2)。修改(3)不归结为软件的维护工作。产生软件维护的副作用,是指(4)。

(1)候选答案:

A. 适应新的软件环境 B. 适应新的硬件环境

C. 用户的需求改变 D. 程序的可靠性

(2)候选答案:

A. 重新验证程序 B. 验收程序

C. 书写维护文档 D. 建立目标程序

(3)候选答案:

A. 设计文档 B. 数据

C. 需求规约 D. 代码

(4)候选答案:

A. 开发时的错误 B. 隐含的错误

C. 因修改软件而造成的错误 D. 运行时误操作

试题四(15分)

阅读下列说明,回答问题1至问题3,将解答填入答题纸的对应栏内。

[**说明**]

在某省重点大型电子政务工程建设项目建设过程中,建设单位甲与承建单位乙签订了实施合同,并委托某监理公司丙承担项目全过程的监理任务。建设接近完成时,发生了如下事件:

事件1:应用系统开发完成后,承建单位乙完成了自查、自评工作,提交了由项目经理签字的《软件验收申请报告》,并将全部验收资料报送项目监理机构,申请验收。总监理工程师认为实施过程中均按要求进行了检验和阶段验收,即同意了承建单位乙的验收申请。

事件2:经过近两年的实施,项目主体工程已按照设计完成,能满足系统运行的需要,各类档案文件齐全,达到竣工验收条件。建设单位甲要求监理单位根据国家有关电子政务项目竣工验收的要求,协助完成本项目的竣工验收工作。

[**问题1**](6分)

事件1中,承建单位乙和总监理工程师的做法均存在不妥之处,请给出正确的做法。

[**问题2**](4分)

针对事件2,作为监理工程师,请指出:

(1)电子政务建设项目验收分为哪两个阶段?

(2)本项目的竣工验收应由谁来组织?

[**问题3**](5分)

针对事件2,可由专家组负责开展竣工验收的先期基础性工作,请指出此过程重点检查的内容有哪些。

试题五(10分)

阅读下列说明,回答问题1至问题3,将解答填入答题纸的对应栏内。

[**说明**]

某企业拟建设涉密数据中心,作为企业信息系统的运行中心、灾备中心,承载着企业的核心业务运营、信息资源服务、关键业务计算、数据存储和备份,以及确保业务连续性等重要任务。该项目已由承建单位完成了建设工作,正在开展验收前的各项测试工作。为了保证数据中心的各项指标确实能达到建设单位的需求和符合相关标准,建设单位要求监理单位加强对承建单位测试工作的管控。

[**问题1**](2分)

在数据中心的测试中,________是常见和实用的网络测试诊断工具集(从下述候选答案中选择)。

A. Ping 和 Junit　　B. Ping 和 Traceroute

C. Ping 和 Route　　D. Ping 和 Jtest

[**问题2**](2分)

该数据中心仅会在某一特定时间内集中处理一批机密级数据,下列说法中正确的是________(从下述候选答案中选择)。

A. 该数据中心须按照所涉及处理的最高密级信息,即按机密级建设要求建设

B. 由于该中心仅在特定时间内处理该部分数据,可根据相关要求,在该段时间内通过管理措施确保数据安全性

C. 数据中心所有人员的保密等级应与机密级保持一致

D. 考虑建设经费及使用频率,折中按秘密级建设本中心

[**问题3**](6分)

为保证数据中心测试的合理性,针对承建单位提交的测试方案,监理重点审核了测试内容、测试步骤等,请指出数据中心测试的内容应包括哪些?

2013 年上半年信息系统监理师

案例分析试题(下午)解析及答案

试题一

[问题 1]

不全面。补充如下:

(1)旁站监理前,检查上道工序的验收记录及承包单位的施工准备情况。

(2)在现场跟班监督关键部位、关键工序的施工执行方案以及工程建设强制性标准情况。

(3)检查施工企业现场质检人员到岗、特殊工种人员持证上岗以及施工机械、建筑材料准备情况。

(4)在监理工程师的指导下开展监理工作。

(5)协助监理工程师完成工程量的核定。

(6)担任现场监理工作,发现问题及时向监理工程师报告。

(7)对承建单位实施计划和进度进行检查并记录。

(8)对承建单位实施过程中的软件和设备安装、调试、测试进行监督并记录。

(9)填写监理日志。

分析:监理员的职责如下。

(1)在监理工程师的指导下开展监理工作。

(2)协助监理工程师完成工程量的核定。

(3)担任现场监理工作,发现问题及时向监理工程师报告。

(4)对承建单位实施计划和进度进行检查并记录。

(5)对承建单位实施过程中的软件和设备安装、调试、测试进行监督并记录。

(6)填写监理日志。

[问题 2]

针对本事件出现的问题,应向施工单位下达《工程暂停令》。

(1)对分包单位资质进行审查:如分包单位资质合格,签发复工令;如分包单位资质不合格,则要求承建单位乙撤换分包单位。

(2)建议建设单位请有资质的检测单位对工程实体进行检测,如果有质量问题,责成承建单位乙进行质量问题调查,审核、分析质量问题调查报告,判断和确认质量问题产生的原因。审核签认质量问题处理方案,指令承建单位乙按既定的处理方案进行处理并跟踪检查;组织有关人员对处理结果进行严格的检查、鉴定和验收,写出质量问题处理报告,报建设单位和监理单位存档。经检测如没有质量问题则可以进行下一步施工。

(3)对于以上检测结果，无论是否合格，造成的承建单位乙的损失均由承建单位乙自负，不予补偿，因为损失是承建单位乙自身原因造成的。

分析：

(1)监理工程师对分包单位进行资格审核确认：分包单位提交《分包单位资质报审表》。承建单位乙选定分包单位后，应向监理工程师提交《分包单位资质报审表》，内容包括：①关于拟分包工程的情况；②关于分包单位的基本情况；③分包协议草案。

(2)监理工程师审查承建单位乙提交的《分包单位资质报审表》，主要审查施工承包合同是否允许分包，分包范围和工程部位是否可以进行分包，分包单位是否具有按工程承包合同规定条件完成分包工程任务的能力。审查、控制的重点一般是分包单位施工组织者、管理者的资格与质量管理水平，特殊专业工种和关键施工工艺或新技术、新工艺、新材料等应用方面操作者的素质与能力。

(3)对分包单位进行调查，目的是核实承建单位乙提交的分包单位情况是否属实。如符合要求，则总监理工程师应以书面形式批准该分包单位承担分包任务，承建单位乙应尽快与分包单位签订分包协议，并将分包协议副本报送监理工程师备案。

［**问题3**］

监理机构主要对以下方面进行测试：

(1)系统功能测试。

(2)系统性能测试。

(3)系统压力测试。

(4)系统可靠性测试。

(5)系统负载测试。

(6)系统稳定性测试。

分析：

1)信息网络系统常用的监理方法有：

(1)评估(主要用于网络设备的选型和采购)。

(2)网络仿真(主要用来对网络设计方案进行必要的评估，是否满足业主的需求)。

(3)现场旁站(适合于网络综合布线的质量控制)。

(4)抽查测试(综合布线的性能、质量的测试)。

(5)网络性能测试(使用必要的网络测试工具，对测试性能进行测试，如丢包率、响应时间等)。

2)软件测试阶段，监理的主要方法有：

(1)定期检查、必要抽查、评审。

(2)定期审查软件测试的工程活动和工作进度。

(3)根据实际需要对软件测试工程活动进行跟踪、审查和评估。

(4)对编码工程活动和产品进行评审或审核，并报告结果。

在开展项目初步验收工作时，建设单位拟组织系统用户对业务应用系统进行测试，作为监理工程师，提供以下重点测试内容：

(1)系统功能、性能是否符合需求规格说明书的要求。

(2)系统数据处理是否正确。

(3)界面是否友好,是否容易操作。

(4)系统是否易于维护。

(5)系统是否具有较好的可靠性。

[问题4]

协调内容有:

(1)监理机构应与业主单位、承建单位共同建立实施阶段协调的机制,如监理例会、专题会议等。

(2)监理工程师应根据需要及时组织专题会议,解决工程实施过程中的各种专项问题,并做会议纪要等。

(3)若发生质量事故,认真听取承建单位的处理意见等。

(4)施工中发现设计问题,应及时向承建单位提出,以免造成大的直接损失;若监理单位掌握比原设计更先进的新技术、新工艺、新材料、新结构、新设备,可主动向承建单位推荐。为使承建单位有修改设计的余地而不影响施工进度,应协调各方达成协议,约定一个期限,争取设计单位、承包单位的理解和配合。

(5)注意信息的及时性和程序性。监理工作联系单、工程变更单传递,要按规定的程序进行传递。

试题二

[问题1]

该单位的行为不恰当。

理由:

(1)该局使用财政资金进行网络升级改造,根据《招标投标法》必须进行招标。

(2)该局将A包拆分为A1包和A2包,均采用竞争性谈判方式采购。根据《政府采购法》,采购人不得将应当以公开招标方式采购的货物或者服务化整为零或者以其他任何方式规避公开招标采购。

(3)该局将A包拆分为A1包和A2包,均采用竞争性谈判方式采购。根据《政府采购法》,不符合采用竞争性谈判方式采购的条件。

分析:相关知识点如下。

一、下列工程建设时,必须进行招标:

(1)大型基础设施、公用事业等关系社会公共利益、公众安全的项目。

(2)全部和部分使用国有资金投资或者国家融资的项目。

(3)使用国际组织或者外国政府贷款、援助资金的项目。

注:任何个人/单位不得将招标的项目化整为零或者以其他任何方式规避招标。招标活动应当遵循公开、公平、公正和诚实信用的原则,招标活动不受地区和部门的限制。

二、根据《政府采购法》:

第二十八条　采购人不得将应当以公开招标方式采购的货物或者服务化整为零或者以

其他任何方式规避公开招标采购。

第三十条　符合下列情形之一的货物或者服务，可以依照本法采用竞争性谈判方式采购。

（一）招标后没有供应商投标或者没有合格标的或者重新招标未能成立的。

（二）技术复杂或者性质特殊，不能确定详细规格或者具体要求的。

（三）采用招标所需时间不能满足用户紧急需要的。

（四）不能事先计算出价格总额的。

[问题2]

（1）不正确。

原因："1台服务器：某品牌某型号产品"，属于限定或者指定特定的专利、商标、品牌、原产地或者供应商。根据《招标投标法》，招标人不得以不合理的条件限制、排斥潜在投标人或者投标人。

（2）不正确。

原因：项目招标文件于2012年3月5日起发售，2012年3月20日开标，招标文件发售至提交投标文件截止时间间隔为15天，少于20天。根据《招标投标法》的规定，必须进行招标的项目，自招标文件开始发出之日起至投标人提交投标文件截止日之止，最短不得少于二十日。

（3）正确。

原因：

①满足条件的评标委员会由招标人的代表和有关技术、经济等方面的专家组成，成员人数为5人以上单数，其中技术、经济等方面的专家不得少于成员总数的2/3。

②因行业特殊性，其中2名技术专家由招标人直接确定。根据《招标投标法》，特殊招标项目可以由招标人直接确定。

[问题3]

监理方应围绕以下方面审核网络服务的设计：

（1）审核网络基础平台设计方案。

（2）审核网络服务平台设计方案。

（3）审核网络安全平台设计方案。

（4）审核网络管理平台设计方案。

（5）审核环境平台的设计方案。

分析（信息网络系统监理）：

信息网络系统的体系框架：①网络基础平台；②网络服务平台；③网络安全平台；④网络管理平台；⑤环境平台。

网络基础平台方案的审核重点：①网络整体规划；②网络设备；③服务器；④操作系统；⑤存储备份系统的选型。

网络服务平台方案的审核重点：①Internet 网络服务系统规划和选型；②多媒体业务网络规划和选型；③数字证书系统规划和选型。

网络安全和管理平台的审核重点：①防火墙系统；②入侵监测和漏洞扫描系统；③网络

防病毒系统；④安全审计；⑤Web 信息防篡改系统；⑥网闸；⑦网络管理系统。

环境平台的审核重点：

①机房建设；

②综合布线系统。

试题三

[问题 1]

需求变更的主要原因：

(1)用户在需求开发期间因技术不足提出不合理需求。

(2)用户需求不明确。

(3)也可能是项目组对业务不熟悉。

(4)没有与用户密切配合(或交流障碍)。

(5)需求分析工作不细致。

(6)需求文档编写不规范等因素造成。

(7)没有进行需求评审。

(8)用户业务逻辑发生了变化。

(9)技术的升级。

(10)用户在试用过程中提出的变更。

对于需求变更的解决办法：

(1)建立需求文档并进行版本控制。

(2)严格按照规范的变更流程来执行。

(3)用户参与需求评审。

(4)应先建立需求基线。

(5)充分交流。

(6)安排专职人员负责需求变更管理。

(7)合同约束。

(8)选用适当的开发模型。

[问题 2]

(1)A　(2)D

[问题 3]

(1)C　(2)A　(3)C　(4)C

试题四

[问题 1]

1)承建单位提交验收申请前应做好的主要工作：

(1)内部测试准备。

(2)验收准备工作。

(3)验收申请提交。

(4)验收方案准备。

2)总监理工程师批准验收申请前的主要工作:

(1)软件配置审核(文档审核、源代码审核、配置脚本审核)。

(2)验收测试(测试程序、脚本审核、可执行程序测试)。

(3)经建设单位同意。

分析:验收由建设单位组织,监理辅助和承建单位配合。

建设单位的主要工作:审核承建单位的验收方案并确定验收方案。

工程验收必须符合下列要求:

(1)所有建设项目按照批准设计方案要求全部建成,并满足使用要求。

(2)各个分项工程全部初验合格。

(3)各种技术文档和验收资料完备,符合集成合同的内容。

(4)系统建设和数据处理符合信息安全的要求。

(5)外购的操作系统、数据库、中间件、应用软件和开发工具符合知识产权相关政策法规的要求。

(6)各种设备经上电试运行,状态正常。

(7)经过用户同意。

[**问题2**]

(1)电子政务建设项目验收一般分为初步验收和竣工验收两个阶段。

(2)依据《国家电子政务工程建设项目管理暂行办法》(即 发改委55号令),竣工验收由项目审批部门或其组织成立的电子政务项目竣工验收委员会组织;对建设规模较小或建设内容较简单的电子政务项目,项目审批部门可委托项目建设单位组织验收。

分析:电子政务项目应遵循《国家电子政务工程建设项目验收工作大纲》(附件四,以下简称《验收工作大纲》)的相关规定开展验收工作。项目验收包括初步验收和竣工验收两个阶段。初步验收由项目建设单位按照《验收工作大纲》要求自行组织;竣工验收由项目审批部门或其组织成立的电子政务项目竣工验收委员会组织;对建设规模较小或建设内容较简单的电子政务项目,项目审批部门可委托项目建设单位组织验收。

[**问题3**]

专家组负责开展竣工验收的先期基础性工作,重点检查项目建设、设计、监理、施工、招标采购、档案资料、预(概)算执行和财务决算等情况,提出评价意见和建议。

分析:(发改委55号令)

七、竣工验收

(一)组织竣工验收的单位(机构)组建竣工验收委员会,下设专家组。

(二)专家组负责开展竣工验收的先期基础性工作,重点检查项目建设、设计、监理、施工、招标采购、档案资料、预(概)算执行和财务决算等情况,提出评价意见和建议。

(三)竣工验收委员会基于专家组评价意见提出竣工验收报告。

试题五

［问题1］

B

［问题2］

A

分析：所谓国家秘密是指关系国家的安全和利益，依照法定程序确定，在一定时间内只限一定范围的人员知情的事项。保守国家秘密是中国公民的基本义务之一。《中华人民共和国保守国家秘密法》对有关的问题作了规定。国家秘密的密级分为“绝密”、“机密”、“秘密”。“绝密”是最重要的国家秘密，泄露会使国家的安全和利益遭受特别严重的损害。“机密”是重要的国家秘密，泄露会使国家的安全和利益遭受到严重损害。“秘密”是一般的国家秘密，泄露会使国家的安全和利益遭受损害。国家秘密事项的密级一经确定，就要在秘密载体上作出明显的标志。标志方法应按《国家秘密文件、资料和其他物品标志的规定》执行。保守国家秘密的工作，实行积极防范、突出重点、既确保国家秘密又便利各项工作的方针。2010年全国两会上，全国人大常委会将审议保密法修订草案。草案规定，国家秘密的保密期限，除另有规定外，绝密级不超过30年。

［问题3］

作为监理工程师，数据中心测试的内容包括以下内容：

(1)系统功能、性能是否符合需求规格说明书的要求。

(2)系统数据处理是否正确。

(3)界面是否友好，是否容易操作。

(4)系统是否易于维护。

(5)系统是否具有较好的可靠性。

(6)系统的安全性是否符合设计要求。

分析：在开展项目初步验收工作时，建设单位拟组织系统用户对业务应用系统进行测试。作为监理工程师，提供以下重点测试内容。

(1)系统功能、性能是否符合需求规格说明书的要求。

(2)系统数据处理是否正确。

(3)界面是否友好，是否容易操作。

(4)系统是否易于维护。

(5)系统是否具有较好的可靠性。

(6)系统的安全性是否符合设计要求。

2013 年下半年信息系统监理师

案例分析试题(下午)

试题一(20 分)

阅读下列说明,回答问题 1 至问题 5。

[**说明**]

国务院某部委负责实施“十二五”期间的一项国家政务信息化工程建设项目。该项目涉及与其他 10 个部委的信息交换共享以及基础设施、设备采购、软件开发、系统集成、系统安全、标准等建设任务。目前,项目的初步设计报告及概算已经由国家发改委批复同意。经过公开招标,A 公司中标该项目,负责项目建设总集成,B 公司负责该项目的总监理。在项目建设过程中,发生如下事件:

事件 1:某参与建设的部委提出,由于本部门提供的数据具有较高的敏感性,无法联网提供,建议 A 公司修改外部数据交换标准。

事件 2:B 公司建议各共建单位就此项目联合办公,获得各部委的认可并成立联合办公室。

事件 3:在联合办公室召开的某次例会上,某设备集成商提出了由于设备停产,需要进行型号、配置变更的申请,联合办公室要求 B 公司牵头处理此事。

事件 4:该工程完成所有建设任务后,招入第三方测试评估机构开展安全保护等级的测评工作。在测评工作中,该机构发现部分共建部委的系统存在安全隐患,要求进行整改。

[**问题 1**](5 分)

在事件 1 中,作为监理,请就 A 公司是否同意修改外部数据交换标准给出建议并说明理由和解决措施。

[**问题 2**](4 分)

根据事件 2,(1)请列举 B 公司建议共建单位联合办公的理由;(2)请给出这类联合办公机构的一般称谓。

[**问题 3**](4 分)

根据事件 3,如果你是 B 公司的项目总监理工程师,该如何处理?

[**问题 4**](3 分)

根据事件 4,监理需要在安全整改过程中开展哪些工作?

[**问题 5**](4 分)

你认为“十二五”国家政务信息化工程的典型特征是什么?

试题二(15 分)

[说明]

某政府部门拟对内网进行升级改造,现计划通过公开招标方式采购一批网络设备。按照综合评分法选择最终供应商。其中投标报价部分采用低价最高分的原则,监理单位协助客户对招标文件进行审核。

事件 1:因该部门预算相对充足,较为重视设备的技术支持及售后服务,因此将价格分值比重设为 20%。

事件 2:共 3 家投标人参与本次招标,评分见表 2-1。

表 2-1

投标人名称	商务得分	技术得分	报价得分	总分
A 公司	28	42	20	90
B 公司	26	44	20	90
C 公司	22	50	18	90

[**问题 1**](5 分)

请简述综合评分一般需要考虑哪些主要因素。

[**问题 2**](5 分)

在事件 1 中,价格分值比重设置是否合理,请给出依据及理由。

[**问题 3**](5 分)

根据事件 2 中的信息,请给出最终的中标人,并说明原因。

试题三(15 分)

[说明]

建设单位甲选定监理单位丙对某应用软件开发项目实施全过程监理,承建单位乙承担建设任务。在项目实施过程中,发生了如下事件:

事件 1:为保证系统建设过程中文档的完整性和有效性,甲方要求丙方对项目各阶段应当产生的文档进行严格的把控。

事件 2:在项目实施过程中,为了确保代码质量,承建单位除了按合同要求对开发过程进行有效控制外,还将测试的覆盖率由 50% 提高到 60%,为此增加成本 32 万元。实施完成后,承建单位向监理工程师提出费用补偿的要求。

事件 3:该项目的计划工期为 1 年,预算总成本 800 万元,实施半年后的实际情况是:实施成本发生额为 200 万元,所完成工作的计划预算成本额为 100 万元,与项目预算成本比较可知,当工期过半时,项目计划成本发生额该为 400 万元。

[**问题 1**](6 分)

针对事件 1,概要设计阶段完成应产生哪些文档?

[**问题 2**](4 分)

针对事件 2,作为监理工程师,你是否同意承建单位的费用补偿要求?并说明理由。

[**问题3**](5分)

针对事件3,请列出计算公式计算项目的成本偏差CV和进度偏差SV,并根据计算结果说明成本执行情况和计划完工情况。

试题四(15分)

[**说明**]

建设单位与承建单位签订了某省重点电子政务工程建设项目实施合同,并委托监理单位丙承担项目全过程的监理任务,合同规定项目验收包括初步验收和竣工验收两次验收过程。初步验收和竣工验收根据国家有关电子政务项目验收的要求进行。

[**问题1**](5分)

在(1)~(5)中填写有关内容(从候选答案中选择一个正确选项,将该选项编号填入对应栏内)。

项目建设完成时,按照合同要求进行初步验收。初步验收中,各工作的主要完成者是:初步验收文件资料准备由(1)完成;申请工程初步验收是由(2)完成;审核初步验收申请由(3)完成;签署初步验收申请由(4)完成;组织工程师初步验收是由(5)完成。

(1)~(5)候选答案:

A.建设单位　B.承建单位　C.监理单位　D.项目审批部门　E.设计单位

[**问题2**](6分)

在(1)~(3)中填写恰当内容(从候选答案中选择一个正确选项)。

根据国家有关电子政务项目验收的要求,在完成项目建设任务后(1)个月内,应完成建设项目的(2)工作和(3)工作。

(1)候选答案:

A.3　B.6　C.10　D.12

(2)、(3)候选答案:

A.项目文档整理　B.信息安全风险评估

C.初步验收　D.财务决算

[**问题3**](4分)

在应用系统的验收过程中,监理抽测发现系统的查询响应时间超标,要求承建单位进行整改。此时,承建单位告知监理:此前他们已经独自选择了一家权威的第三方测试机构对项目进行了全面测试,全部合格,并拿出了测试报告。请问,就系统的查询响应时间超标这一问题,监理应该承认第三方测试机构的测试结果吗?请说明理由。

试题五(10分)

阅读下列说明,回答问题1至问题3,将解答填入答题纸的对应栏内。

[**说明**]

某企业建设云计算数据中心,作为企业信息系统的运行中心、灾备中心,承载着企业的核心业务运营，信息资源服务，关键业务计算，数据存储和备份以及确保业务连续性等重要任务。目前，该项目已由承建单位完成了建设工作，正在开展验收前的各项测试工作。为了保证云计算数据中心的各项指标确实能达到建设单位的需求和符合相关标准，建设单位要求监理单位对云计算数据中心的测试和运营维护管理方案进行有效地把控。

[**问题1**]（4分）

在（1）~（4）中填写恰当的内容（从候选答案中选择一个正确选项，将该选项编号填入答题纸对应栏内）。

在云计算数据中心的测试中，网络测试主要包含（1）、（2）、（3）和（4）四个部分。

（1）~（4）候选答案：

A. 连通性测试　　B. 安全测试　　C. 确认测试　　D. 虚拟化测试

E. 高可靠测试　　F. 单元测试　　G. 用户测试　　H. 性能测试

I. 云测试

[**问题2**]（4分）

规范管理数据中心是其安全、稳定运行的关键。针对数据中心的运维管理，判断下列选项的正误（填写在答题纸的对应栏内，正确的选项填写“✓”，错误的选项填写“×”）。

（1）值班人员不得任意关闭设备告警，不得因私占用业务电话。

（2）非保密技术档案与资料可以直接由值班人员携出机房。

（3）交接班时因漏交或错交产生的问题，由交班人员承担责任；交接双方均未发现的问题，由接班人承担责任。

（4）机房内未经许可禁止照相。

[**问题3**]（2分）

在数据中心的测试中，________命令用于显示以太网的统计信息（从候选答案中选择一个正确的选项，将该选项编号填入答题纸对应栏内）。

候选答案：

A. netstat-a　　B. netstat-e　　C. ping-a　　D. ping-c

2013 年下半年信息系统监理师

案例分析试题(下午)解析及答案

试题一

[问题1]

项目中“修改外部数据交换标准”属于重大变更,按照《国家电子政务工程建设项目管理暂行办法》之规定:项目初步设计方案和投资概算报告的编制内容与项目可行性研究报告批复内容有重大变更或变更投资超出已批复总投资额度百分之十的,重新报批可行性研究报告。因此监理单位建议建设单位重新报批可行性研究报告,待批复后才能变更实施。

分析:《国家电子政务工程建设项目管理暂行办法》第十三条规定,项目审批部门对电子政务项目的项目建议书、可行性研究报告、初步设计方案和投资概算的批复文件是项目建设的主要依据。批复中核定的建设内容、规模、标准、总投资概算和其他控制指标原则上应严格遵守。

项目可行性研究报告的编制内容与项目建议书批复内容有重大变更的,应重新报批项目建议书。项目初步设计方案和投资概算报告的编制内容与项目可行性研究报告批复内容有重大变更或变更投资超出已批复总投资额度百分之十的,应重新报批可行性研究报告。项目初步设计方案和投资概算报告的编制内容与项目可行性研究报告批复内容有少量调整且其调整内容未超出已批复总投资额度百分之十的,需在提交项目初步设计方案和投资概算报告时以独立章节对调整部分进行定量补充说明。

根据以上规定在建设过程中,根据实际情况,如果要修改外部数据交换标准,由监理单位提请建设单位重新报批可行性研究报告。

[问题2]

(1)该项目建设涉及与其他 10 个部委的信息交换共享以及基础设施、设备采购、软件开发、系统集成、系统安全、标准等建设任务。为有序推进建设,有必要成立联合办公室,来协调、决策、执行和检查各参建部委的建设环境和工作。

(2)这类办公机构一般称为项目建设指挥部,下设指挥部办公室,处理日常工作,例如定期联系会议等。

[问题3]

集成单位 A 向监理方提出变更申请,监理方进行审核,分析变更对项目的影响,并与建设单位和集成单位协商协商,确定变更方法,下达变更通知,后续工作是监控变更的实施和评估变更效果。

分析:变更控制的工作程序一般有以下程序。

(1)接受变更申请

变更申请单位向监理工程师提出变更要求或建议,提交书面工程变更建议书。

(2)变更的初审

项目监理机构应了解实际情况和收集与项目变更有关的资料,首先明确界定项目变更的目标,再根据收集的变更信息判断变更的合理性和必要性。对于完全无必要的变更,可以驳回此申请,并给出监理意见;对于有必要的变更,可以进一步进行变更分析。

(3)变更分析

把项目变化融入项目计划中是一个新的项目规划过程,只不过这规划过程是以原来的项目计划为框架,在考察项目变化的基础上完成的。通过与新项目计划的对比,监理工程师可以清楚地看到项目变化对项目预算、进度、资源配置的影响与冲击。把握项目变化的影响和冲击是相当重要的,否则就难以做出正确的决策,做出合理的项目变更。

(4)确定变更方法

三方进行协商和讨论,根据变更分析的结果,确定最优变更方案。做出项目变更时,力求在尽可能小的变动幅度内对主要因素进行微调。如果它们发生较大的变动,就意味着项目计划的彻底变更,这会使目前的工作陷入瘫痪状态。

(5)下达变更通知书并进行变更公布

下达变更通知书,并把变更实施方案告知有关实施部门和实施人员,为变更实施做好准备。

(6)监控变更的实施

变更后的内容作为新的计划和方案,可以纳入正常的监理工作范围,但监理工程师对变更部分的内容要密切注意,项目变更控制是一个动态的过程,在这一过程中,要记录这一变化过程,充分掌握信息,及时发现变更引起的超过估计的后果,以便及时控制和处理。

(7)变更效果评估。

因此集成单位A向监理方提出变更申请,监理方进行审核,分析变更对项目的影响,并与建设单位和集成单位协商,确定变更方法,下达变更通知,后续工作是监控变更的实施和评估变更效果。

[问题4]

监理的工作主要是协助业主审核承建单位的测试方案,确认测试报告,协助建设单位督促承建单位整改安全测评中发现的问题。

分析:《信息化工程安全监理规范》(GB/T 19668.6—2007)8.3.2条规定,监理机构应从如下方面开展信息系统安全测评中的监理工作:①协助业主单位做好与安全测评机构的沟通,协助项目各方与测评机构做好配合工作;②协助业主单位审核测评机构编写的安全测评方案;③对业主单位和承建单位进行的安全验收测评的技术准备、文档准备和人员准备情况进行检查;④如适用,监理机构应协助业主单位,并督促承建单位整改安全测评中发现的问题。

[问题5]

(1)多个部委信息共享,信息化建设跨业务、跨部门。

(2)以需求为主导,加强顶层设计,提高公共服务水平。

(3)为消除“信息孤岛”,推进互联互通,需要加强数据标准化建设。

(4)加强安全管理,做好国家网络与信息安全保障。

(5)加快推进智慧城市建设。

试题二

[问题1]

综合评分的主要因素是价格、技术、财务状况、信誉、业绩、服务、对招标文件的响应程度,以及相应的比重或者权值等。上述因素应当在招标文件中事先规定。

[问题2]

不合理。

依据及理由:《政府采购货物和服务招标投标管理办法》规定,价格分值比重应该为30% ~60%,所以价格分值比重为20%不合理。

分析:《政府采购货物和服务招标投标管理办法》第五十二条规定,采用综合评分法的,货物项目的价格分值占总分值的比重(即权值)为30% ~60%;服务项目的价格分值占总分值的比重(即权值)为10% ~30%。执行统一价格标准的服务项目,其价格不列为评分因素。有特殊情况需要调整的,应当经同级人民政府财政部门批准。

因此本项目的价格分值未经同级人民政府财政部门批准,所以价格比重为20%不合理。

[问题3]

B公司中标。

原因:得分相同的,按投标报价由低到高顺序排列。得分且投标报价相同的,按技术指标优劣顺序排列。得分相同,A公司和B公司的报价得分也一样,B公司的技术得分比A公司的高,按照规则,B公司中标。

分析:《政府采购货物和服务招标投标管理办法》第五十四条规定,采用综合评分法的,按评审后得分由高到低顺序排列。得分相同的,按投标报价由低到高顺序排列。得分且投标报价相同的,按技术指标优劣顺序排列。

试题三

[问题1]

概要设计阶段完成应产生的文档包括:①概要设计说明书;②数据库设计说明书;③用户手册;④软件概要设计说明书;⑤软件详细设计说明书;⑥软件编码规范;⑦集成测试计划。

[问题2]

承建单位可以不同意费用补偿。

理由:因为承建方为确保质量且事先没有经业主方许可、监理方审核的情况下单方面采取行动,不符合变更原则(三方取得一致)。

[问题3]

CV = BCWP - ACWP = 100 - 200 = -100万元

SV = BCWP - BCWS = 100 - 400 = -300 万元

CV <0 说明成本超支;SV <0 说明进度滞后。

说明成本超支,进度落后。

分析:项目成本控制的一种重要方法是挣值分析法。这一方法的基本思想就是通过引进一个中间变量即"挣值",来帮助项目管理者分析项目的成本和工期的变动情况并给出相应的信息,以便他们能够对项目成本的发展趋势做出科学的预测与判断,并提出相应的对策。

BCWS (Budgeted Cost of Work Scheduled)计划工作预算费用,习惯上可以把它称作"计划投资额"或"计划值"。

BCWP (Budgeted Cost of Work Performed)完成工作预算费用,习惯上可将其称作"实现投资额"或"实绩值"。

ACWP (Actual Cost of Work Performed)完成工作实际费用,习惯上可将其称作"消耗投资额"或"消耗值"。

利用挣值法分析投资控制的评价指标有四个,分别是:

进度业绩指标 SPI = BCWP/BCWS(SPI >1.0 表示进度超前,SPI <1.0 表示进度滞后);

费用业绩指标 CPI = ACWP/BCWP(CPI > 1.0 表示费用节余,CPI <1.0 表示费用超支);

项目成本差异 CV = BCWP - ACWP(CV >0,表示进度超前,CV <0,表示进度滞后);

项目进度差异 SV = BCWP - BCWS(SV >0 表示费用节余,SV <0 表示费用超支)。

CV = BCWP - ACWP = 100 - 200 = -100 万元

SV = BCWP - BCWS = 100 - 400 = -300 万元

目前的情况是:CV <0 说明成本超支;SV <0 说明进度滞后。

试题四

[问题1]

(1)B (2)B (3)C (4)C (5)A

分析:《国家电子政务工程建设项目档案管理暂行办法》中附件四《国家电子政务工程建设项目验收大纲》有以下规定。

一、验收时限

电子政务项目建设完成半年内,项目建设单位应完成初步验收工作,并向项目审批部门提交竣工验收的申请报告。

因特殊原因不能按时提交竣工验收申请报告的,项目建设单位应向项目审批部门提出延期验收申请。经项目审批部门批准,可以适当延期进行竣工验收。

五、验收组织

建设项目竣工验收一般分为初步验收和竣工验收两个阶段。

(一)建设项目的初步验收,由项目建设单位按照本大纲规定组织,并提出初步验收报告。

(二)建设项目的竣工验收一般由项目审批部门或其组织成立的电子政务项目竣工验收

委员会组织;建设规模较小或建设内容较简单的建设项目,项目审批部门可委托项目建设单位组织验收。

六、初步验收

(一)项目建设单位依据合同组织单项验收,形成单项或专项验收报告。

(二)项目建设单位或相关单位组织信息安全风险评估,提出信息安全风险评估报告。

(三)项目建设单位对项目的工程、技术、财务和档案等进行验收,形成初步验收报告。

(四)项目建设单位向项目审批单位提交竣工验收申请报告。

因此本题考查的是档案初步验收过程。初步验收是由建设单位组织、验收,监理参与,资料由承建单位准备。竣工验收资料由建设单位汇总、准备,由项目审批机关审核。

此题的答案是:项目建设完成时,按照合同要求进行初步验收。初步验收中,各工作的主要完成者是:初步验收文件资料准备由承建单位完成;申请工程初步验收是由承建单位完成;审核初步验收申请由监理单位完成;签署初步验收申请由监理单位完成;组织工程师初步验收是由建设单位完成。

[**问题2**]

(1)B (2)B (3)C

分析:《国家电子政务工程建设项目档案管理暂行办法》附件四的规定如下。

一、验收时限

电子政务项目建设完成半年内,项目建设单位应完成初步验收工作,并向项目审批部门提交竣工验收的申请报告。

[**问题3**]

承建单位选择的第三方评测机构,如果没有经过建设单位确认的话,监理方可以不承认第三方测试机构的测试结果。

第三方测试机构可以由承建单位选择,但应当征得建设单位的确认。

分析:第三方检测机构可以由承建方选择,但应该征得甲方的同意。在此期间监理应该做的工作包括:①协助建设单位审查第三方测试机构的资质、测试经验以及承担该项目测试工程师情况;②对第三方测试机构提交的测试计划进行确认;③协调承建单位、建设单位以及第三方测试机构的工作关系,并为第三方测试机构的工作提供必要的帮助;④对测试问题和测试结果进行评估。

因此对于由承建单位单独选择的第三方评测机构,监理方可以不承认第三方测试机构的测试结果。

试题五

[**问题1**]

(1)B (2)D (3)E (4)H

在云计算数据中心的测试中,网络测试主要包含安全测试、虚拟化测试、高可靠测试、性能测试四个部分。

[问题2]

(1)√ (2)× (3)× (4)√

[问题3]

B

分析：

netstat 用来显示协议统计信息和当前 TCP/IP 网络连接。

netstat-a 显示所有连接和监听端口。

netstat-e 显示以太网统计信息。此选项可以与 -s 选项组合使用。

Ping 命令用来检查网络是否通畅或者网络连接速度的命令。

2014 年上半年信息系统监理师

案例分析试题(下午)

试题一(18 分)

[**说明**]

某电子商务工程建设项目,建设单位甲分别与承建单位乙、监理单位丙签订了项目承包合同和监理合同,在项目实施过程中发生如下事件:

事件 1:在项目核心模块开发过程中,交易模块的开发和测试基本完成后,监理工程师发现在设计要求的运行环境下,模块的功能操作反应迟缓,信息查询时间长,怀疑其性能存在问题,设计要求系统能够支持 3 万用户的并发交易,信息查询响应时间不超过 5 秒。于是要求承建单位出示交易模块性能的测试资料和其他证明资料。承建单位向监理机构出示其对交易模块的性能测试计划、用例和测试结果。表明交易模块的负载能力和响应时间全部达到或超过项目的设计要求,其中查询的响应时间最快达到 2 秒。

事件 2:面对交易模块性能测试未达到的结果,承建单位承认他所提交的性能测试结果不是在运行环境下进行测试的,而是在实验室内高配的环境下进行测试的。

事件 3:为了加强开发过程监理的质量控制力度,建设单位就如何进行质量控制对监理进行了咨询:(1)开发质量控制的监理过程包括哪些方面?(2)应采取哪些质量控制手段?

事件 4:在后续的监理工作中,监理单位加强以抽查的方式监控建设单位的开发行为。为此监理机构要求承建单位的开发和测试人员在监理进行抽查时,必须暂时停止开发或者测试工作,全力配合监理工作,以便保证抽查的效果。

[**问题 1**](4 分)

在事件 1 中,作为监理工程师应该如何判断承建单位开发的交易模块的性能是否达到要求?

[**问题 2**](6 分)

根据事件 2,请回答对于这起质量事故,(1)承建单位应该承担什么责任?(2)监理机构的监理工作有何错误之处?

[**问题 3**](3 分)

在事件 3 中,请你回答建设单位提出的两个问题。

[**问题 4**](5 分)

针对事件 4,监理的做法恰当吗?如果恰当,请给出理由。如果不恰当,请给出监理和承建单位的正确做法。

试题二（15 分）

［**说明**］

某市级政府部门拟采购便携式笔记本，采购预算 30 万元；专业定制的数据采集设备，预算 90 万元；软件应用系统，开发预算 110 万元。现就上述内容的招标方式向监理单位进行咨询。

事件 1：监理工程师查询当地财政采购政策后发现：当地发布的公开招标数额标准为单项或者批量采购金额一次性达到 100 万元以上（含 100 万元）；公开的政府采购目录中包含便携式笔记本电脑；为规范采购行为，提高采购效率，特殊采购项目可以参考《政府采购非招标采购方式管理办法》执行。

事件 2：软件应用系统项目开标当天，无任何一家单位前来参与，导致该项目流标。

［**问题 1**］（6 分）

根据事件 1，请给出题目说明中三项采购项目适用的采购方式并说明理由。

［**问题 2**］（4 分）

根据事件 2，请问是否可以变更采购方式？如果可以，请说明变更后的采购方式及原因；如果不可以，请说明理由并给出下一步工作内容。

［**问题 3**］（5 分）

请简述招标阶段监理工作重点。

试题三（12 分）

［**说明**］

某政府部门拟对网络进行升级改造，建设单位通过招标选择了一家具有相应资质的监理单位承担项目监理工作，现计划以公开招标方式选择承建单位，监理单位协助建设单位对招标过程进行监理。

事件 1：为了做好项目招标阶段的监理工作，总监理工程师召集监理工程师收集、学习项目招标有关法律法规。

事件 2：在项目公开招标中，有 A、B、C、D、E、F、G、H 等承建单位投标。评标时发现，B 承建单位投标报价明显低于其他投标单位报价且未能合理说明理由；D 承建单位投标报价大写金额小于小写金额；F 承建单位投标文件提供的检验标准和方法不符合招标文件的要求；H 承建单位投标文件中某分项工程的报价有个别漏项；其他承建单位的投标文件均符合招标文件要求。招标最终确定 G 承建单位中标并与建设单位签订了实施合同。

事件 3：项目启动后，进入了实施设计阶段，该阶段时间紧、任务繁重，为了保证设计人员将精力投入到技术方案设计中，监理抽调资深的监理工程师帮助承建单位编写了项目总进度计划并及时对技术方案中的信息安全保障措施进行了审核。

［**问题 1**］（4 分）

针对事件 1，请指出应重点学习的国家法律有哪些。

[**问题2**](6分)

针对事件2,判别B、D、F、H四家承建单位的投标是否为有效标?请说明理由。

[**问题3**](2分)

针对事件3中的信息,请回答:

(1)监理的做法是否正确?请给出理由。

(2)制订总体进度计划时,工期的制定依据哪份文件?

试题四(15分)

[**说明**]

某行业协会组织开发了一套信息系统,准备完成系统终验后即在地方协会部署,为了保证部署效果,招入第三方监理机构和测试机构对系统最终验收工作提供咨询服务。

事件1:协会要求第三方测试机构测试通过后,由监理机构针对第三方测试提出监理意见。

事件2:协会要求监理机构开展地方协会部署过程的监理工作,并要求监理机构出具相关监理方案。

事件3:协会要求监理机构提供验收工作的咨询意见,协助编制验收工作步骤。

[**问题1**](5分)

针对事件1,请指出监理机构的监理意见主要包括哪些内容。

[**问题2**](5分)

针对事件2,如果你作为该项目总监,你认为本项目监理工作开展的主要内容是什么,最妥当的解决办法包括哪些?

[**问题3**](5分)

在事件3中,请指出一个信息系统验收的工作步骤。

试题五(15分)

[**说明**]

某部门建设云计算数据中心,该数据中心作为部门信息系统的运行中心、灾备中心,承载着部门核心业务运营、信息资源服务、关键业务计算、数据存储和备份,以及确保业务连续性等重要任务。为做到心中有数,建设单位就数据中心的性能测试以及信息安全等方法的问题向监理做了一些询问。

[**问题1**](5分)

在(1)~(4)中填写恰当内容(从候选答案中选择一个正确选项,将该选项编号填入答题纸对应栏内)。

在云计算数据中心的测试中,网络测试常见的关键性指标包括(1)、(2)、(3)和(4)四个部分。

(1)～(4)候选答案：

A. 衰减串扰比　　B. 新建速率　　C. 响应时间　　D. 吞吐量

E. 近端串扰　　F. 并发数

[**问题 2**](5 分)

在(1)、(2)中填写恰当内容(从候选答案中选择一个正确选项,将该选项编号填入答题纸对应栏内)。

我国制定实行的信息安全等级分为五级,它们是:第一级,用户自主保护级;第二级(1);第三级,安全标记保护级;第四级,结构化保护级;第五级,(2)。

(1)、(2)候选答案：

A. 用户身份保护级　　B. 系统审计保护级

C. 系统保护级　　D. 访问验证保护级

[**问题 3**](5 分)

在(1)、(2)中填写恰当内容(从候选答案中选择一个正确选项,将该选项编号填入答题纸对应栏内)。

在进行云数据平台负载压力测试时,针对某个业务高峰期进行的模拟测试,我们称之为(1);针对多个用户同时在线数据的测试,我们称之为(2)。

(1)、(2)候选答案：

A. 并发测试　　B. 大数据量测试

C. 边界值分析测试　　D. 疲劳强度测试

2014年上半年信息系统监理师

案例分析试题(下午)解析及答案

试题一

[问题1]

在事件1中,作为监理工程师应从以下几点判断承建单位开发的交易模块的性能是否达到了要求:

(1)针对承建单位提供的性能测试计划、用例和测试结果进行有效的评审,验证其规范性、正确性,并确认其能否满足性能要求和验收标准。

(2)对重要环节或质量控制点要进行必要的抽查、评审和测试。

(3)确认承建单位的测试工作是否在运行环境或模拟运行环境下进行的。

(4)如有必要可以要求承建单位出具有资质的第三方检测机构的检测报告。

[问题2]

(1)对于这起质量事故,承建单位应负主要责任。承担重新测试导致的工期延误、测试费用等全部损失。

(2)监理机构没有参与承建单位的测试过程,在对测试方案、测试计划、测试用例和测试结果没有进行评审和确认等方面存在失误。

[问题3]

(1)开发质量控制的监理过程:

①协助承建单位完善实施过程中阶段性质量控制,制订质量控制计划。

②设置阶段质量控制点,实施跟踪控制。

③对开发、实施材料与设备的检查。

④严格各个过程间的三检(自检、交接检、专项检查)。

⑤协助建设单位对严重质量隐患和质量问题进行处理。

⑥工程款支付后签署质量认证书。

(2)质量控制手段主要有评审、测试、抽查、旁站、见证、平行检验等。

[问题4]

不恰当。

监理单位的正确做法:在抽查过程中,尽量不要影响承建单位的开发或测试工作,可采取旁站、见证和平行检验等方法。

承建单位的正确做法:安排专人配合监理单位的抽查工作及相关问题的处理,同时要保证自身开发或测试工作的正常进行。

分析:

工程实施阶段质量控制的要点及方法:

(1)协助承建单位完善实施过程中阶段性质量控制,制订质量控制计划。

(2)设置阶段质量控制点,实施跟踪控制。

(3)对开发、实施材料与设备的检查。

(4)严格各个过程间的三检(自检、交接检、专项检查)。

(5)协助建设单位对严重质量隐患和质量问题进行处理。

(6)工程款支付后签署质量认证书。

质量控制手段:

(1)评审。

(2)测试。

(3)旁站(在项目实施现场进行旁站监理工作是监理在信息系统工程质量控制方面的重要手段之一。旁站监理是指监理人员在施工现场对某些关键部位或关键工序实施全过程现场跟班的监督活动)。

(4)抽查。

(5)见证。

(6)平行检验。

软件测试阶段,监理的主要方法有:

(1)定期检查、必要抽查、评审。

(2)定期审查软件测试的工程活动和工作进度。

(3)根据实际需要对软件测试工程活动进行跟踪、审查和评估。

(4)对编码工程活动和产品进行评审或审核,并报告结果。

试题二

[问题1]

采购便携式笔记本,采购预算30万元,采取询价方式。理由是:采购的货物规格、标准统一,现货货源充足且价格变化幅度小的政府采购项目,可以依照《政府采购法》采用询价方式采购。

专业定制的数据采集设备,预算90万元,采取单一来源采购。理由是:专业定制的数据采集设备只能从唯一供应商处采购。

软件应用系统,开发预算110万元,采取公开招标。理由是:采购人采购货物或者服务应当采用公开招标方式的,其具体数额标准,属于中央预算的政府采购项目,由国务院规定;属于地方预算的政府采购项目,由省、自治区、直辖市人民政府规定;因特殊情况需要采用公开招标以外的采购方式的,应当在采购活动开始前获得设区的市、自治州以上人民政府采购监督管理部门的批准。

[问题2]

可以变更采购方式。因特殊情况需要采用公开招标以外的采购方式的,应当在采购活动开始前获得设区的市、自治州以上人民政府采购监督管理部门的批准。

可以依照本法采用竞争性谈判方式采购:

(1)招标后没有供应商投标或者没有合格标的或者重新招标未能成立的;

(2)技术复杂或者性质特殊,不能确定详细规格或者具体要求的;

(3)采用招标所需时间不能满足用户紧急需要的;

(4)不能事先计算出价格总额的。

[**问题3**]

信息系统工程招标监理的主要任务是协助业主通过对投标单位资质、服务水平和承诺、总体技术方案和价格的综合审查,选择合适的承建方。

根据建设单位的需要,监理可以开展的工作主要包括:

(1)协助建设单位确定招标方式。

(2)协助建设单位编制招标文件。

(3)见证开评标过程。

(4)参加合同谈判和签订工作。

试题三

[**问题1**]

针对事件1,应重点学习的国家法律有《招标投标法》、《政府采购法》、《合同法》等。

[**问题2**]

B无效标书。在评标过程中,评标委员会发现投标人的报价明显低于其他投标报价或者在设有标底时明显低于标底,使得其投标报价可能低于其个别成本的,其投标应作废标处理。

D有效标书。投标文件中的问题属于细微偏差,投标单位可根据要求进行补正。

F无效标书。投标文件载明的货物包装方式、检验标准和方法等不符合招标文件的要求。

H有效标书。个别漏项属于细微偏差,投标单位可根据要求进行补正。

[**问题3**]

(1)不正确。监理应依据监理合同开展监理工作。

(2)制订总体进度计划时,工期依据项目承建合同要求的工期制定。

分析:

《评标委员会和评标方法暂行规定》规定了四类废标情况:

(1)在评标过程中,评标委员会发现投标人以他人的名义投标、串通投标、以行贿手段谋取中标或者以其他弄虚作假方式投标的,该投标人的投标应作废标处理。

(2)在评标过程中,评标委员会发现投标人的报价明显低于其他投标报价或者在设有标底时明显低于标底,使得其投标报价可能低于其个别成本的,其投标应作废标处理。

(3)投标人资格条件不符合国家有关规定和招标文件要求的,或者拒不按照要求对投标文件进行澄清、说明或者补正的,评标委员会可以否决其投标。

(4)未能在实质上响应招标文件要求的投标,应作废标处理。投标文件有下列情况之一的,属于未能对招标文件作出实质性响应的重大偏差:

①没有按照招标文件要求提供投标担保或者所提供的投标担保有瑕疵；

②投标文件没有投标人授权代表签字和加盖公章；

③投标文件载明的招标项目完成期限超过招标文件规定的期限；

④明显不符合技术规格、技术标准的要求；

⑤投标文件载明的货物包装方式、检验标准和方法等不符合招标文件的要求；

⑥投标文件附有招标人不能接受的条件；

⑦不符合招标文件中规定的其他实质性要求。

试题四

［**问题1**］

监理机构的监理意见主要包括：

（1）审查第三方测试机构资质。

（2）审查第三方测试方案。

（3）督促测试中发现问题的解决。

（4）确认测试报告。

［**问题2**］

第三方检测机构可以由承建方选择，但应该征得甲方的同意。在此期间监理应该做的工作包括：

（1）协助建设单位审查第三方测试机构的资质、测试经验以及承担该项目测试工程师的情况。

（2）对第三方测试机构提交的测试计划进行确认。

（3）协调承建单位、建设单位以及第三方测试机构的工作关系，并为第三方测试机构的工作提供必要的帮助。

（4）对测试问题和测试结果进行评估。

监理需全程参与第三方测试，主要工作包括测试前的机构资质审查、测试中的测试方案审核及问题追踪、测试后测试报告确认等。

［**问题3**］

验收步骤如下：①提出验收申请；②制订验收计划；③成立验收委员会；④进行验收测试和配置审计；⑤进行验收评审；⑥形成验收报告；⑦移交产品。

分析：本题考查考生对于应用系统开发中各类文档的熟悉程度以及此类项目第三方测试阶段监理工作要点。应用系统项目验收阶段，监理方对于承建单位的文档审查结果是项目能否进入验收程序的前提条件之一。承建单位提交审查的文档包括开发类文档和管理类文档，监理方必须对上述文档有深入的了解。为了保证项目建设质量，越来越多的应用系统开发项目引入了第三方测试，监理方需在此项工作中充分发挥作用，作为监理质量控制的重要工作内容。

试题五

[问题1]

(1)A (2)C (3)D (4)E

[问题2]

(1)B (2)D

[问题3]

(1)B (2)A

分析:网络测试主要考虑以下技术指标。

(1)吞吐量。可以确定被测试设备(DUT)或被测试系统(SUT)在不丢弃包的情况下所能支持的吞吐速率。

(2)包丢失。通过测量由于缺少资源而未转发的包的比例来显示高负载状态下系统的性能。

(3)延时。测量系统在有负载条件下转发数据包所需的时间。

(4)背靠背性能。通过以最大帧速率发送突发传输流并测量无包丢失时的最大突发(Burst)长度(总包数量)来测试缓冲区容量。

我国《计算机信息安全保护等级划分准则》将计算机安全保护等级划分为五个级别,第一级到第五级。

第一级:用户自主保护级。该级使用户具备自主安全保护能力,保护用户数据被非法读写和破坏。

第二级:系统审计保护级。具备第一级的能力,并创建和维护访问审计跟踪记录。

第三级:安全标记保护级。具备第二级的能力,并为访问者和访问对象指定安全标记,以访问对象标记的安全级别限制访问者的访问权限。

第四级:结构化保护级。具备第三级的所有功能,并将安全保护机制划分为不同的结构,它具有很强的抗渗透能力。

第五级:安全域保护级。具备第四级的功能,并增加访问验证功能,它具有极强的抗渗透能力。

2014年下半年信息系统监理师

案例分析试题(下午)

试题一(20分)

[**说明**]

某企业信息系统工程项目,包含综合布线工程、网络工程、主机系统工程、企业业务软件开发工程等4个子项目。建设单位甲通过公开招标方式确定承建单位,某知名集团公司丁的全资子公司乙经过竞标,赢得工程合同。建设单位甲委托监理公司丙承担项目的监理工作,在项目实施过程中发生了如下事件:

事件1:工程正式开工之前,乙方项目经理对综合布线工程、网络工程、主机系统工程等子项目制订了详细的实施计划,由于工期较紧,计划安排综合布线工程与网络工程、主机系统工程并行实施,同时完成安装工作并进行加电联调达到要求后,报监理方签字认可。

事件2:在项目业务软件开发实施过程中,由于乙方未按要求投入所需的主要技术人员等原因,导致项目进度滞后,甲、丙方多次要求乙方尽快补齐所缺人员。迫于甲、丙方的一再督促,乙方在甲、丙方不知情的情况下,从母公司丁抽调多名资深技术人员加入到本项目的现场开发工作中。丙方在巡查中发现后向乙方发“停工令”,要求新加入人员所承担的工作暂时停工。乙方认为监理方的做法错误并影响了工程进度,并应该补偿由此造成的工期损失。

事件3:为了确保项目质量、及时发现问题,项目总体设计方案完成后,进入评审过程。甲、丙方对此非常重视,聘请了数位资深业务专家和信息化专家参加评审会。评审会由信息化专家主持,对总体设计方案进行讨论,得出了评审结论。会后,参会的几位监理工程师经过讨论,形成最终的监理意见。

事件4:在专题监理会议上,甲方现场负责人发言指出:由于甲方业务及其流程发生变化,要求在实施的应用软件功能方面做相应的变更。会后,乙方经过缜密的研究认为功能有增有减,总的工作量与原来差别不大,同意了甲方的变更要求并付诸实施。

[**问题1**](4分)

作为监理工程师,你认为事件1中的安排合适吗?请说明理由。

[**问题2**](8分)

在事件2中,作为监理工程师,请回答:

(1)监理方的做法是错误的吗?请说出理由。

(2)乙方抽调人员的资质有问题吗?请说出理由。

(3)应该给乙方相应的工期补偿吗?

[**问题 3**](4 分)

请指出事件 3 中评审过程中存在的错误做法。

[**问题 4**](4 分)

请指出事件 4 中应用软件变更中存在的错误做法。

试题二(15 分)

[**说明**]

某单位拟通过公开招标方式选择一家集成单位承担网络改造工程,开标现场共有 3 家单位前来投标。

事件 1:招标人组建了总人数为 5 人的评标委员会,其中招标人代表 1 人,招标代理机构代表 1 人,法律顾问 1 人,网络专家 2 人。开标后,评标委员会对投标文件的密封情况进行了检查。评标过程中,由于 3 家单位均没有同行业类似业绩,原该部分评分项没有实际意义,评标委员会建议修改对应评分项,按照公司规模进行打分。期间,法律顾问突发低血糖晕倒后送医就诊,只得由评标委员会组长安排其他人完成评标,并由组长代法律顾问签署评标报告。

事件 2:A 公司报价 70 万元,B 公司报价 95 万元,C 公司报价 75 万元;评标报价得分的计算方法是:评标报价的算术均价为最高分,报价与算术均价相比较,每上浮 1.25% 扣 5 分,每下浮 1.25% 扣 3 分。

[**问题 1**](4 分)

请指出事件 1 所描述的评标过程中存在的问题有哪些,分别说明原因。

[**问题 2**](7 分)

根据事件 2,请在表 2-1 中的空白位置填写对应得分,并按总分由高到低顺序排名。

表 2-1

评分项	权重	说明	A 公司	B 公司	C 公司
商务得分	30%	百分制	80	80	90
技术得分	40%	百分制	80	85	85
报价得分	30%	百分制			
总分	—	百分制			

[**问题 3**](4 分)

采取公开招标时,对于需要资格预审的招标项目,监理方应协助对投标单位的资质进行评审。评审应主要针对哪些方面?

试题三(15 分)

[**说明**]

某国家级大型信息系统工程建设项目,使用中央财政投资,在完成编写项目建议书、可行性研究报告、初步设计方案后获得批准。建设单位通过公开招标方式选定某监理单位承担整个项目全过程监理工作。在项目执行过程中发生了以下几个事件：

事件1：在某次到货过程中，现场监理工程师发现所到设备与合同清单品牌不符，经质询，承建单位解释该批产品为OEM产品。现场监理工程师认为这不符合要求，因此拒绝在到货验收清单上签字。

事件2：由于新增项目涉及部分新业务，建设单位经过市场调研后，认为市场可以开展此项项目的单位不多，因此直接将其中某一项预算金额为200万元的新增项目以单一来源方式采购。

[**问题1**]（9分）

（1）在事件1中，现场监理工程师的做法是否合理？请说明理由。

（2）请说明监理后续需要开展哪些工作才能符合现场到货要求。

[**问题2**]（6分）

（1）在事件2中，建设单位直接采用单一来源方式采购是否恰当？请说明理由。

（2）如确实采用单一来源方式，需要履行的审批手续是哪些？

试题四（15分）

[**说明**]

某重点大型电子政务工程项目建设中，建设单位甲与承建单位乙签订了实施合同，工期为18个月。合同规定，项目完成后首先进行各子项目内部验收，再按照《国家电子政务工程建设项目管理暂行办法》的相关规定进行项目验收，并委托某监理公司丙承担项目全过程的监理任务。建设过程中发生了以下事件：

事件1：承建单位根据项目建设需要制定了周密的实施计划，部分节点是：项目实施后第8个月完成主机等设备的安装调试工作和子项目内部验收，第9个月完成软件开发和子项目内部验收，第10个月开始进行试运行，第14个月完成信息安全风险评估，第15个月完成项目出入验收……

事件2：承建单位项目经理在安排软件测试任务的动员会上讲：软件测试环节是软件系统质量形成的主要环节，各开发小组，特别是测试小组，应重视软件集成此时的工作。因此，项目经理安排测试组进行测试的时间非常充足，测试周期占整个软件系统开发周期的40%，约15周。在软件系统测试的过程中，项目经理安排了详细的测试跟踪计划，统计每周所发现的软件系统故障数量，以及所解决的软件故障。根据每周集成测试结果分析，软件系统故障随时间的推移呈明显下降趋势：第1周发现约100个故障，第2周发现约90个故障，第3周发现50个故障……第10周发现2个故障，第11周发现1个故障，第12周和第13周发现0个故障。因此，项目经理认为应用软件达到了内部经验验收的条件。

事件3：项目初步验收完成后，建设单位要求监理机构协助整理提交竣工验收申请报告时所需要的、作为附件一并上交的其他文件。

[**问题1**]（4分）

针对事件1，作为该项目的监理工程师，你认为承建单位项目经理做的项目计划可行吗？

说出理由。

[**问题2**](6分)

针对事件2,作为监理工程师,请指出:

(1)“软件测试环节是软件系统质量形成的主要环节”的说法妥当吗?说出理由。

(2)第12周和第13周发现0个故障,因此项目经理认为应用软件达到了内部验收的条件,这种说法妥当吗?说出理由。

[**问题3**](5分)

请给出事件3中提交竣工验收申请报告时所需的,作为附件一并上交的其他文件。

试题五(10分)

[**说明**]

某网络项目建设包含综合布线、网络设备采购等内容。综合布线已通过单项验收,现承建方正在进行交换机的配置。

[**问题1**](2分)

在(1)中填写恰当内容(从候选答案中选择一个正确选项,将该选项编号填入答题纸对应栏内)。

监理在旁站过程中,发现交换机板卡上的LED指示灯为红色,现场实施工程师执行show module时,输入结果为other,此时可初步判断交换机(1)发生了故障。

(1)候选答案:

A. 板卡　　B. 背板　　C. 端口　　D. 配置

[**问题2**](3分)

从候选答案中选择3个正确选项(每选对1个得1分,选项超过3个的该题得0分),将选项编号填入答题纸对应栏内。

判断交换机引擎模块(或称为管理模块)故障的主要措施,包括________。

候选答案:

A. 连接至该交换机的各个接入交换机之间彼此是否无法通信

B. 使用show interface interface-id命令,判断交换机管理模块是否正常

C. 直接连接至该交换机的服务器之间彼此是否无法通信

D. 将SPF模块插入另外一个正常插槽进行测试

E. 重新启动交换机后,是否无法登陆至交换机管理

F. 检查由同一UPS供电的其他网络设备是否无法正常工作

[**问题3**](5分)

判断下列关于服务器故障的排除原则是否正确(填写在答题纸的对应栏内,正确的选项填写“√”,错误的选项填写“×”):

(1)在对计算机故障进行检查判断时,遇到未知计算机故障时应该首先考虑打开主机箱对硬件进行检测。如果不能解决问题,则检查是否是由软件引起的,最终达到排除故障的

目的。（　　）

(2)先检查键盘、鼠标、显示器、磁盘阵列等外部设备，查看电源的连接，各种连接是否连接得当，排除这些方面的原因后，再来检查主机。（　　）

(3)首先检查电源部分，如主机供电是否正常，工作电压是否正常，稳定，主机电源功率是否负载各部件的正常运行，然后检查各个部件。（　　）

(4)遇到故障时，应首先考虑引起故障的特殊因素。如果不能解决问题，再检查电源线、数据线是否松动，把他们重新插接。（　　）

(5)在排除故障时，先排除简单而易修理的故障，再去排除困难的、不好解决的故障。（　　）

2014年下半年信息系统监理师

案例分析试题(下午)解析及答案

试题一

[问题1]

合理。

理由:三个子项目可以并行实施,并不存在严格的先后执行顺序。

[问题2]

(1)正确。

理由:未经监理方审查的技术人员以及未持证上岗的技术人员不得进入现场进行开发工作。

(2)有问题。

理由:相关技术人员资格、资质未经监理方审查。

(3)不应该。

理由:监理方此时严格按监理工作程序发"停工令"是恰当的,不应承担工期补偿。

[问题3]

(1)评审会应由总监理工程师主持。

(2)应由总监理工程师根据会审的结论,组织各专业监理工程师讨论,形成最终的监理意见,然后提交给建设单位和承建单位;建设单位和承建单位根据监理意见进行处理,处理结果由监理工程师确认,报总监签发。

[问题4]

(1)建设方的变更申请应向监理方提出。

(2)承建方无权对变更批准或否决,应由变更控制委员会来决策。

(3)变更没有得到第三方监理方的确认。

正确做法:建设方应向监理方提出变更申请,然后三方协商、讨论,严格按变更原则和变更控制流程来执行。

试题二

[问题1]

(1)评标委员会中有关技术、经济等方面的专家不得少于2/3(只有3/5)。

(2)评标过程中,评标委员会成员有回避事由、擅离职守或者因健康等原因不能继续评标的,应当及时更换。被更换的评标委员会成员做出的评审结论无效,由更换后的评标委员会成员重新进行评审。

(3)依法必须进行招标项目,其评标委员会的专家成员应当从评标专家库内相关专业的专家名单中以随机抽取方式确定。任何单位和个人不得以明示、暗示等任何方式指定或者变相指定参加评标委员会的专家成员。

(4)评标报告应当由评标委员会全体成员签字。对评标结果有不同意见的评标委员会成员应当以书面形式说明其不同意见和理由,评标报告应当注明该不同意见。

[问题2]

评分项	权重	说明	A公司	B公司	C公司
商务得分	30%	百分制	80	80	90
技术得分	40%	百分制	80	85	85
报价得分	30%	百分制	40	20	60
总分	—	百分制	68	64	79

C公司得分最高为79分,其次是A公司,最后是B公司。

分析:

先算出报价平均分:(70+75+95)/3=80

A公司报价70,则80-70=10;10/80=0.125,即12.5%,则应扣3×10=30(分);报价得分:40分;

B公司报价95,则95-80=15,15/80=0.1875,即18.75%,18.75/1.25=15;则应扣15×5=75(分),报价得分:20分;

C公司报价75,则80-75=5;5/80=0.0625,即6.25%,6.25/1.25=5;则应扣5×3=15(分),报价得分:60分。

则A的综合得分为:24+32+12=68(分)

B的综合得分为:24+34+6=64(分)

C的综合得分为:27+34+18=79(分)

从而C公司得分最高为79分,其次是A公司,最后是B公司。

[问题3]

对承建方资质的评审包括:①企业资质;②质量管理体系;③相关项目的实施经验;④公司实力。

试题三

[问题1]

(1)合理。

理由:设备与合同清单品牌不符。

(2)设备是否与合同所规定的设备(系统)清单相符;设备出厂合格证明、规格、质量保证书、供应商保证等证明文件是否齐全;设备按照合同规定是否准时到货;配套软件包(系统)是否成熟,满足技术规范。

[问题2]

(1)不恰当。

理由:电子政务项目采购货物、工程和服务应按照《招标投标法》和《政府采购法》等有关规定执行,并遵从优先采购本国货物、工程和服务的原则。应首先采用公开招标的方式。

(2)依据《政府采购法》相关规定,货物服务采购项目达到公开招标数额标准的,必须采用公开招标的方式。因特殊情况与要采用公开招标以外方式的,应当在采购活动开始前获得设区的市、自治州以上人民政府财政部门的批准。

试题四

[问题1]

不可行。

理由:进度计划缺乏科学性。应通过活动定义、活动排序、活动资源估算和活动持续时间估计这四个过程制定项目的进度计划。同时在制定进度计划时应考虑资源日历、项目日历、风险等因素。

[问题2]

(1)不妥。

理由:测试只是保证软件质量的重要手段,而不是主要环节。质量源自于开发计划、设计和实施,并非出自于检查。应重视开发过程(管理过程)的质量,也应重视产品的质量。

(2)妥当。

理由:故障缺陷数已经呈整体下降并趋于稳定的趋势,可以认为达到内部验收条件。

[问题3]

初步验收合格后,项目建设单位应向项目审批部门提交竣工验收申请报告,并将项目建设总结、初步验收报告、财务报告、审计报告和信息安全风险评估报告等文件作为附件一并上报。

试题五

[问题1]

A

[问题2]

A　C　D

[问题3]

(1)×　(2)√　(3)√　(4)×　(5)√

附录1　全国计算机技术与软件专业技术资格(水平)考试的发展历史及资质管理要求

1991年,人事部、原国务院电子信息系统推广应用办公室发布了《关于印发〈中国计算机软件专业技术资格和水平考试暂行规定〉的通知》(人职发〔1991〕6号),同时人事部发布了《关于非在职人员计算机软件专业技术资格证书发放问题的通知》(人职发〔1994〕9号),决定在全国实行计算机软件专业技术资格和水平考试。

2003年10月,为适应国家信息化建设的需要,规范计算机技术与软件专业人才评价工作,促进计算机技术与软件专业人才队伍建设,人事部、信息产业部在总结计算机软件专业资格和水平考试实施情况的基础上,重新修订了计算机软件专业资格和水平考试的有关规定,发布了国人部发〔2003〕39号文件,包括《计算机技术与软件专业技术资格(水平)考试暂行规定》和《计算机技术与软件专业技术资格(水平)考试实施办法》。

根据国人部发〔2003〕39号文件精神,考试自2004年1月1日起开始执行,同时计算机资格证书实行定期登记制度。但是,由于证书登记制度与后来国家颁发的《行政许可法》精神相违背,根据全国计算机专业技术资格考试办公室(以下简称"软考办")2008年会议精神通知,计算机资格证书将不再进行登记,不受三年有效期限制,长期有效。继续教育政策目前只是鼓励获证人员自愿通过自学、参加学习、在岗学习等多种学习方式实现业务技术知识的更新,不再强制执行。

2005年,软考办发布了信息系统监理师考试大纲,并在2005年5月开考的软考的各专业里,新增了"信息系统监理师"专业,"信息系统监理师"于2005年5月进行了首次考试。

2007年,人事部与信息产业部联合发布了国人厅发〔2007〕139号文件《关于计算机技术与软件专业技术资格(水平)考试新增专业有关问题的通知》,又新增7个专业。

2012年5月2日,工业和信息化部计算机信息系统集成资质认证工作办公室发布了《信息系统工程监理单位资质等级评定条件》(2012年修订版),新的信息系统工程监理资质等级评定条件主要由综合条件、财务状况、信誉、业绩、管理能力、技术实力、人才实力共七个方面来判定。其中"人才实力"对从事信息系统工程监理行业的持证人员数量提出了具体要求:甲级资质企业需要具有信息系统工程监理工程师资格的人数不少于25名,乙级资质企业需要具有信息系统工程监理工程师资格的人数不少于12名,丙级资质企业需要具有信息系统工程监理工程师资格的人数不少于5名,临时资质企业需要具有信息系统工程监理工程师资格的人数不少于2名。而通过"信息系统监理师"考试是获得信息系统工程监理工程师资格的强制条件!

2014年,根据《国务院关于取消和下放一批行政审批项目的决定》(国发〔2014〕5号),工业和信息化部自2014年2月15日起,停止计算机信息系统集成企业资质、计算机信息系统集成项目经理人员资质、信息系统工程监理单位资质和信息系统监理师资格四项资质资格认定行政审批，根据《工业和信息化部关于做好取消计算机信息系统集成企业资质认定等行政审批事项相关工作的通知》（工信部软〔2014〕79 号），相关资质认定工作由中国电子信息行业联合会（以下简称“电子联合会”）负责实施。证书的效力没有发生变化，即企业拥有一定数量的“信息系统监理师”证书，仍是企业申请电子联合会颁发的资质的强制条件。

2014 年 9 月 28 日，电子联合会信息系统集成资质工作办公室颁布了《关于过渡期内开展计算机信息系统集成企业资质认定等四项资质认定工作有关事项的通知》（中电联信资〔2014〕1 号），正式恢复资质认定等工作。

1. 管理原则

计算机信息系统监理资质认证工作根据认证和审批分离的原则，按照先由认证机构认证，再由电子联合会审批的工作程序进行。

2. 管理办法

资质管理包括资质评审和审批、年度监督、升级、降级、取消及其他相关内容。资质管理涉及电子联合会，从事信息系统集成业务的单位，工业和信息化部，省、市信息产业主管部门，工业和信息化部授权的资质评审机构，省、市信息产业主管部门授权的资质评审机构，等等。

资质认定工作原则上仍按工业和信息化部、原工业和信息化部计算机信息系统集成资质认证工作办公室（以下简称“原部资质办”）以及原信息产业部、原信息产业部计算机信息系统集成资质认证工作办公室发布的有关文件和规定办理。

有关文件和规定中涉及工业和信息化部行政审批事项的部分由电子联合会办理。

有关文件和规定中涉及省、自治区、直辖市、计划单列市工业和信息化主管部门，新疆生产建设兵团工业和信息化委员会（以下简称“地方行业主管部门”）行政审批事项的部分，由当地地方行业主管部门推荐的资质认定地方机构出具推荐意见。

当地目前无资质认定地方机构的，原则上由与计算机信息系统集成（以下简称“集成”）或信息系统工程监理（以下简称“监理”）行业相关的全国性行业组织（以下简称“相关行业组织”）出具集成资质或监理资质推荐意见。

当地目前无资质认定地方机构的，原则上由集成资质和监理资质评审机构（以下简称“评审机构”）出具计算机信息系统集成项目管理人员（以下简称“项目管理人员”）资质或信息系统工程监理工程师（以下简称“监理工程师”）资格推荐意见。评审机构应按以下范围出具推荐意见：

（1）具备集成三级、四级资质评审资格的地方级评审机构，出具项目管理人员资质的推荐意见。

（2）具备监理丙级、丙级（暂定）资质评审资格的地方级评审机构，出具监理工程师资格的推荐意见。申报单位当地无监理资质地方级评审机构的，由原部资质办认定的部级评审机构（以下简称“行业级评审机构”）出具监理工程师资格的推荐意见。

这里附上与考试相关的最新考试大纲、政策文件等，方便广大考生了解考试政策及相关要求，以便更好地备考学习。

更多有关考试的规定、企业资质等问题，读者还可以参考以下网址的相关内容：

1. 中国电子信息行业联合会正式成立

http://miit. ccidnet. com/art/32559/20140701/5518165_1. html

2. 中国电子信息行业联合会即将启动信息系统集成资质认定工作

http://cyyw. cena. com. cn/2014 -08/28/content_240577. htm

3. 中国电子信息行业联合会关于开展计算机信息系统集成企业资质认定等四项资质认定工作的通知(中电联字〔2014〕5 号)

http://www. ceecm. gov. cn/miit_Webmap/miit_news/2014/08/11/2fd5e108b4624ee4870607bb185812e1. html

4. 关于过渡期内开展计算机信息系统集成企业资质认定等四项资质认定工作有关事项的通知(中电联信资〔2014〕1 号)

http://www. ceecm. gov. cn/miit_Webmap/miit_news/2014/08/28/c93b1f514deb48cc9f920eaa582d5116. html? from = timeline&isappinstalled =0

5. 关于 2015 年计算机信息系统集成企业资质和信息系统工程监理单位资质新申报、换证申报工作安排的通知(中电联信资〔2015〕1 号)

http://www. ceecm. gov. cn/miit_webmap/miit_tzgg/2015/00/22/9cf555f5e0104022bcccad6f8ec77f84. html

附录2　信息系统监理师考试大纲

一、考试说明

1. 考试要求：

(1)理解信息系统、计算机技术、数据通信与计算机网络、软件与软件工程基础知识。

(2)掌握信息系统项目管理与监理的基本知识。

(3)掌握信息系统工程监理质量控制、进度控制、投资控制、变更控制、合同管理、信息管理、安全管理和组织协调的方法,以及在信息网络系统和信息应用系统监理中的应用。

(4)掌握信息系统工程监理中的测试要求与方法。

(5)熟悉信息系统主要应用领域的背景知识和应用发展趋势,包括电子政务、电子商务、企业信息化、行业信息化等。

(6)掌握信息系统工程监理的有关政策、法律、法规、标准和规范。

(7)熟悉信息系统工程监理师的职业道德要求。

(8)正确阅读并理解相关领域的英文资料。

2. 通过本考试的合格人员能掌握信息系统工程监理的知识体系、完整的监理方法、手段和技能,能运用信息技术知识和监理技术方法编写监理大纲、监理规划和监理细则等文档,能有效组织和实施监理项目,具有工程师的实际工作能力和业务水平。

3. 本考试设置的科目包括：

(1)信息系统工程监理基础知识,考试时间150分钟,笔试,选择题。

(2)信息系统工程监理应用技术,考试时间150分钟,笔试,问答题。

二、考试范围

考试科目1:信息系统工程监理基础知识

1. 信息系统工程技术知识

1.1　信息系统建设

- 信息系统概念、功能、类型和发展
- 信息系统建设的复杂性
- 信息系统的生命周期
- 信息系统建设的原则
- 信息系统开发方法

1.2　计算机技术知识与网络知识

- 计算机系统功能、组成、及其相互关系
- 计算机系统与信息管理、数据处理、辅助设计、自动控制、科学计算、人工职能等概念
- 数据通信的基本知识

• 网络体系结构与协议
• 计算机网络分类
• Internet 实用技术
• 网络标准及典型网络设备
• 网络规划与设计
• 常见的计算机网络工程系统配置与性能评价

1.3　信息网络系统

• 信息网络基础平台、服务平台、安全平台、管理平台和环境平台的体系结构
• 网络传输技术、交换技术、接入技术、路由技术、操作系统、网络服务器、网络测试、数据存储和备份
• 视频点播、音频点播、视频会议和 VOIP
• 防火墙技术、数字加密技术、入侵监测和漏洞扫描技术、物理隔离、访问限制、安全体系架构和 VPN
• 网络管理软件和网络监控软件
• 机房工程、综合布线系统和隐蔽工程

1.4　软件与软件工程知识

• 软件需求分析与定义
• 软件体系结构设计方法
• 软件体系结构分析与评估
• 软件质量保证及质量评价
• 软件配置管理
• 软件测试及主要工具
• 软件构件技术基础知识
• 面向对象分析与设计
• 软件开发工具基础知识
• 软件评审
• 软件维护
• 软件开发文档和种类

2. 信息系统工程监理知识

• 项目管理在信息系统工程实施中的地位和作用
• 信息系统工程管理要素的基本内容
• 项目相关三方（业主方、承建方、监理方）在项目管理中的作用和主要任务

3. 信息工程项目管理知识

3.1　信息系统工程监理概念

• 信息系统工程的概念
• 信息系统工程建设发展过程中存在的基本问题和产生原因
• 计算机信息系统集成资质管理制定及项目经理制度的由来
• 信息系统工程监理的概念

• 信息系统工程监理的特点、范围、内容和程序
• 信息系统工程监理单位资质管理与监理人员资格管理
• 监理人员和权利和义务

3.2 信息系统工程监理依据

• 有关的政策、法律、法规、标准与规范的基本内容
• 信息系统工程项目建设合同与监理合同的主要内容

3.3 监理单位的组织建设

• 监理单位的体系建设（业务体系、质保体系、组织体系）
• 监理单位风险类别及防范方法

3.4 监理工作的组织和规划

• 监理工作三种关键文件（监理大纲、监理规划、监理实施细则）编写的意义、依据和基本程序
• 监理项目部的组织结构和监理人员的岗位职责
• 监理大纲的主要内容
• 监理规划的主要内容
• 监理实施细则的主要内容

3.5 质量控制

• 信息系统工程质量的概念及质量控制的意义
• 影响信息系统工程质量的因素
• 协同质量控制的概念以及业主方、承建方、监理方三方在协同质量控制中的作用
• 质量控制点的含义、作用和设置原则
• 工程招标及准备阶段质量控制的要点及方法
• 工程设计阶段质量控制的要点及方法
• 工程实施阶段质量控制的要点及方法
• 工程验收质量控制的要点及方法

3.6 进度控制

• 进度控制的概念和一般步骤
• 信息系统工程进度控制的目标与范围
• 影响进度的主要因素
• 进度控制各阶段的工作任务
• 进度控制三种技术手段（图标法、网络图计划法、“香蕉”曲线法）的优缺点、作用以及在进度控制中的作用
• 进度控制的基本程序和主要措施
• 进度控制计划管理各阶段监理的主要内容

3.7 投资控制

• 信息系统投资控制的基础知识与方法
• 信息系统工程资源计划、成本估算
• 成本与成本管理的概念，项目成本失控的原因

• 信息系统工程建设项目费用的构成

• 影响工程成本的主要因素

• 信息系统工程成本控制的基本措施

• 成本控制工程概预算的类型、特点、存在的问题，工程成本估算的方法（工具），概预算审核的方法

• 信息系统工程计量的概念、工程价款结算及付款控制的方法和工程款支付的流程

• 信息系统工程成本结算的概念和意义、工程竣工结算报表的结构和工程竣工结算审核的内容

3.8　变更控制

• 工程变更的概念

• 影响工程变更的主要因素

• 工程变更对工程的影响

• 工程变更控制的基本原则

• 变更控制的工作程序

• 需求变更确立的原则和需求变更的管理控制程序

• 进度变更确立的原则和进度变更的管理控制程序

• 成本变更确立的原则和成本变更的管理控制程序

• 合同变更确立的原则和合同变更的管理控制程序

3.9　合同管理

• 合同的概念

• 信息系统工程合同的分类、主要内容及特点

• 信息系统工程合同管理的作用、原则和内容

• 合同争议的概念、起因和调解办法

• 合同违约的概念、起因和处理办法

• 合同索赔的概念、起因和处理办法

• 合同管理中的知识产权保护

3.10　安全管理

• 信息系统安全的概念和特性

• 信息系统安全管理的相关政策、法规、标准、规范

• 信息系统安全管理体系的主要内容

• 安全管理制度的主要内容

• 逻辑访问安全管理的要点及监理措施

• 应用环境安全管理的要点及监理措施

• 物理环境安全管理的要点及监理措施

• 数据备份和容灾管理的要点及监理措施

3.11　信息管理

• 信息系统工程中信息管理的概念

• 信息系统工程中信息的分类

- 监理文档的管理
- 监理文件(日志、周报、月报、专题报告、总结报告等)的内容、作用和填写方法

3.12　沟通协调

- 沟通协同工作应把握的一般原则
- 沟通协同的工作方法
- 工程各阶段沟通协调的主要工作内容

3.13　信息系统监理师职业道德要求

- 信息系统监理师职业特点与岗位职责
- 信息系统监理师行为准则与职业道德要求

4. 专业英语

- 正确阅读并理解相关领域的英文资料

考试科目2:信息系统工程监理应用技术

1. 信息网络系统建设监理

1.1　信息网络系统招标、设计阶段的监理

- 立项和工程准备阶段信息网络系统监理工作的内容
- 招标阶段信息网络系统监理工作的内容
- 工程设计和方案评审阶段信息网络系统监理工作的内容
- 招标和设计阶段建立工作的技术特点

1.2　信息网络系统实施阶段的监理

- 实施阶段信息网络系统监理工作的内容(包括设备采购、工程施工、安装调试等)
- 实施阶段信息网络系统监理工作的重点
- 实施阶段信息网络系统监理工作的技术要点

1.3　信息网络系统验收阶段的监理

- 工程验收阶段信息网络系统监理工作的内容
- 工程验收阶段信息网络系统监理工作的技术要点

2. 信息应用系统建设监理

2.1　信息应用系统的监理工作

- 国内信息应用系统建设存在的主要问题
- 在信息应用系统建设中引入监理制的必要性
- 信息应用系统质量控制的内容和主要监理措施
- 信息应用系统进度控制的内容和主要监理措施
- 信息应用系统成本控制的内容和主要监理措施

2.2　招标阶段信息应用系统的监理工作

- 招标方式和招标过程
- 可行性研究的主要内容
- 项目信息管理规范的监理工作内容和要求
- 招标方式的确立

• 承建单位资质和质量管理体系的审查要点
• 招标过程的监督和合同签订的管理

2.3　分析设计阶段信息应用系统的监理

• 分析设计阶段的系统建设任务
• 项目计划编制监理的内容和措施
• 软件质量管理体系监理的内容和措施
• 软件质量保证计划监理的内容和措施
• 软件配置管理监理的内容和措施
• 需求说明书、设计说明书、详细设计、测试计划和软件编码规范评审的内容
• 软件分包合同监理的内容和措施

2.4　实施阶段信息应用系统的监理

• 实施阶段系统建设的任务
• 软件编码监理的内容和措施
• 软件测试监理的内容和措施
• 软件试运行和培训监理的内容和措施

2.5　验收阶段信息应用系统的监理

• 验收阶段系统建设的任务
• 验收阶段监理工作的重点
• 验收的原则与组织
• 配置的审核
• 验收测试的条件和主要工作
• 验收的准则
• 验收报告的内容
• 验收未通过的处理
• 系统移交和系统保障监理工作的内容和措施

3. 信息系统功能监理中的测试要求与方法技术

3.1　信息系统工程测试的基本概念

• 信息系统工程测试的目的
• 信息系统工程测试的类型
• 信息系统工程测试的主要内容和要求

3.2　信息系统工程软件测试

• 软件测试的基础知识和软件测试目的
• 软件测试的内容和软件测试的主要方法
• 软件测试阶段的划分及各方的职责
• 软件测试工具

3.3　信息系统工程网络测试

• 网络测试基础知识和网络测试目的
• 网络测试的内容和网络测试的主要方法

- 网络测试阶段的划分及各方的职责
- 网络测试工具

3.4　信息系统工程应用性能测试
- 应用性能测试基础知识和应用性能测试目的
- 应用性能测试的内容和应用性能测试主要方法
- 应用性能测试阶段的划分及各方的职责

3.5　信息系统工程数据中测试
- 数据中心测试基础知识和数据中心测试的目的
- 数据中心测试的内容和数据中心测试的主要方法
- 数据中心测试阶段的划分及各方职责

3.6　信息系统工程安全评估
- 安全评估基础知识和安全评估的目的
- 安全评估的内容和安全评估的主要方法
- 安全评估阶段的划分及各方的职责

3.7　第三方测试机构
- 第三方机构的优势
- 第三方测试的意义
- 第三方测试机构选择要点

4. 信息化工程监理综合应用实践与趋势
- 电子政务工程监理要求和关键点
- 电子商务工程监理要求和关键点
- 企业信息化工程监理要求和关键点
- 行业信息化工程监理要求和关键点

三、题型举例

选择题

信息系统监理师审查承建单位提交的技术方案时侧重于(　　)。

A. 该方案是否符合预定的质量标准

B. 技术经济的分析和比较

C. 实用功能和质量要求是否得到满足

D. 所采用的技术路线是否满足总体方案的要求

问答题

阅读以下文字,回答问题 1 至问题 3。

某市劳动局需要建设一个信息系统项目,某监理公司承担了实施阶段的监理任务。建设单位采用公开招标方式选定承建单位。在招标文件中对省内与省外投标人提出了不同的资格要求,并规定 9 月 28 日上午 10 点为投标截止时间。A 和 B 等多家公司参加投标,B 公司 9 月 29 日提交了投标保证金。9 月 29 日由该市信息办主持举行了开标会。但本次招标由于招标人原因导致招标失败。

建设单位重新招标后确定 A 公司中标,并签订合同。在项目实施工程中发生了导致应用系统崩溃的质量事故。经调查组技术鉴定,认为是 A 公司项目组为了赶工忽略了软件配置管理,擅自发布未经许可验证的更新程序,且未能及时备份而造成了原始代码被覆盖掉,导致直接经济损失 4.8 万元。

[**问题 1**] 指出该工程招投标过程中的不妥之处,并说明理由。招标人招标失败造成投标单位损失是否应予补偿?说明理由。

[**问题 2**] 上述质量事故发生后,在事故调查前,总监理工程应做哪些工作?

[**问题 3**] 上述质量事故的技术处理方案应由谁提出?技术处理方核签后,总监理工程师应完成哪些工作?该质量事故的处理报告应由谁提出?

附录3　全国计算机技术与软件专业技术资格(水平)考试暂行规定

第一条　为适应国家信息化建设的需要,加强计算机技术与软件专业人才队伍建设,促进我国计算机应用技术和软件产业的发展,根据国务院《振兴软件产业行动纲要》以及国家职业资格证书制度的有关规定,制定本规定。

第二条　本规定适用于社会各界从事计算机应用技术、软件、网络、信息系统和信息服务等专业技术工作的人员。

第三条　计算机技术与软件专业技术资格(水平)考试[以下简称“计算机专业技术资格(水平)考试”],纳入全国专业技术人员职业资格证书制度统一规划。

第四条　计算机专业技术资格(水平)考试工作由人事部、信息产业部共同负责,实行全国统一大纲、统一试题、统一标准、统一证书的考试办法。

第五条　人事部、信息产业部根据国家信息化建设和信息产业市场需求,设置并确定计算机专业技术资格(水平)考试专业类别和资格名称。

计算机专业技术资格(水平)考试级别设置初级资格、中级资格和高级资格3个层次。

第六条　信息产业部负责组织专家拟订考试科目、考试大纲和命题,研究建立考试试题库,组织实施考试工作和统筹规划培训等有关工作。

第七条　人事部负责组织专家审定考试科目、考试大纲和试题,会同信息产业部对考试进行指导、监督、检查,确定合格标准。

第八条　凡遵守《中华人民共和国宪法》和各项法律,恪守职业道德,具有一定计算机技术应用能力的人员,均可根据本人情况,报名参加相应专业类别、级别的考试。

第九条　计算机专业技术资格(水平)考试合格者,由各省、自治区、直辖市人事部门颁发人事部统一印制,人事部、信息产业部共同用印的《中华人民共和国计算机专业技术资格(水平)证书》。该证书在全国范围有效。

第十条　通过考试并获得相应级别计算机专业技术资格(水平)证书的人员,表明其已具备从事相应专业岗位工作的水平和能力,用人单位可根据《工程技术人员职务试行条例》有关规定和工作需要,从获得计算机专业技术资格(水平)证书的人员中择优聘任相应专业技术职务。

取得初级资格可聘任技术员或助理工程师职务;取得中级资格可聘任工程师职务;取得高级资格,可聘任高级工程师职务。

第十一条　计算机专业技术资格(水平)实施全国统一考试后,不再进行计算机技术与软件相应专业和级别的专业技术职务任职资格评审工作。

第十二条　计算机专业技术资格(水平)证书试行定期登记制度,每3年登记一次。有效期满前,持证者应按有关规定到信息产业部指定的机构办理登记手续。

[作者备注:由于证书登记制度与后来国家颁发的《中华人民共和国行政许可法》精神

相违背,2008 年全国电子教育考试工作会议上,全国软考办明确:软考合格证书将长期有效,不受三年有效期限制。从 2008 年开始发放的计算机软件考试资格(水平)证书,已经取消了证书登记相关页面。]

第十三条 申请登记的人员应具备下列条件:

(一)取得计算机专业技术资格(水平)证书;

(二)职业行为良好,无犯罪记录;

(三)身体健康,能坚持本专业岗位工作;

(四)所在单位考核合格。

再次登记的人员,还应提供接受继续教育或参加业务技术培训的证明。

第十四条 对考试作弊或利用其他手段骗取《中华人民共和国计算机专业技术资格(水平)证书》的人员,一经发现,即行取消其资格,并由发证机关收回证书。

第十五条 获准在中华人民共和国境内就业的外籍人员及港、澳、台地区的专业技术人员,可按照国家有关政策规定和程序,申请参加考试和办理登记。

第十六条 在本规定施行日前,按照《中国计算机软件专业技术资格和水平考试暂行规定》(人职发〔1991〕6 号)参加考试并获得人事部印制、人事部和信息产业部共同用印的《中华人民共和国专业技术资格证书》(计算机软件初级程序员、程序员、高级程序员资格)和原中国计算机软件专业技术资格(水平)考试委员会统一印制的《计算机软件专业水平证书》的人员,其资格证书和水平证书继续有效。

第十七条 本规定自 2004 年 1 月 1 日起施行。

附录4　全国计算机技术与软件专业技术资格(水平)考试实施办法

第一条　计算机技术与软件专业技术资格(水平)考试[以下简称"计算机专业技术资格(水平)考试"]在人事部、信息产业部的领导下进行,两部门共同成立计算机专业技术资格(水平)考试办公室(设在信息产业部),负责计算机专业技术资格(水平)考试实施和日常管理工作。

第二条　信息产业部组织成立计算机专业技术资格(水平)考试专家委员会,负责考试大纲的编写、命题、建立考试试题库。

具体考务工作由信息产业部电子教育中心(原中国计算机软件考试中心)负责。各地考试工作由当地人事行政部门和信息产业行政部门共同组织实施,具体职责分工由各地协商确定。

第三条　计算机专业技术资格(水平)考试原则上每年组织两次,在每年第二季度和第四季度举行。

第四条　根据《计算机技术与软件专业技术资格(水平)考试暂行规定》(以下简称《暂行规定》)第五条规定,计算机专业技术资格(水平)考试划分为计算机软件、计算机网络、计算机应用技术、信息系统和信息服务5个专业类别,并在各专业类别中分设了高、中、初级专业资格考试,详见《计算机技术与软件专业技术资格(水平)考试专业类别、资格名称和级别层次对应表》(附后)。人事部、信息产业部将根据发展需要适时调整专业类别及资格名称。

考生可根据本人情况选择相应专业类别、级别的专业资格(水平)参加考试。

第五条　高级资格设综合知识、案例分析和论文3个科目;中级、初级资格均设基础知识和应用技术2个科目。

第六条　各级别考试均分2个半天进行。

高级资格综合知识科目考试时间为2.5小时,案例分析科目考试时间为1.5小时,论文科目考试时间为2小时。

初级和中级资格各科目考试时间均为2.5小时。

第七条　计算机专业技术资格(水平)考试根据各级别、各专业特点,采取纸笔、上机或网络等方式进行。

第八条　符合《暂行规定》第八条规定的人员,由本人提出申请,按规定携带身份证明到当地考试管理机构报名,领取准考证。凭准考证、身份证明在指定的时间、地点参加考试。

第九条　考点原则上设在地市级以上城市的大、中专院校或高考定点学校。

中央和国务院各部门所属单位的人员参加考试,实行属地化管理原则。

第十条　坚持考试与培训分开的原则,凡参与考试工作的人员,不得参加考试及与考试有关的培训。

应考人员参加培训坚持自愿的原则。

第十一条 计算机专业技术资格(水平)考试大纲由信息产业部编写和发行。任何单位和个人不得盗用信息产业部名义编写、出版各种考试用书和复习资料。

第十二条 为保证培训工作健康有序进行,由信息产业部统筹规划培训工作。承担计算机专业技术资格(水平)考试培训的机构,应具备师资、场地、设施等条件。

第十三条 计算机专业技术资格(水平)考试登记、培训及有关项目的收费标准,须经当地价格行政部门核准,并向社会公布,接受群众监督。

第十四条 考务管理工作要严格执行考务工作的有关规章和制度,切实做好试卷的命制、印刷、发送和保管过程中的保密工作,遵守保密制度,严防泄密。

第十五条 加强对考试工作的组织管理,认真执行考试回避制度,严肃考试工作纪律和考场纪律。对弄虚作假等违反考试有关规定者,要依法处理,并追究当事人和有关领导的责任。

附表:(由于新增了7个专业,此表格为2007年新增了专业后的最新版,目前适用)

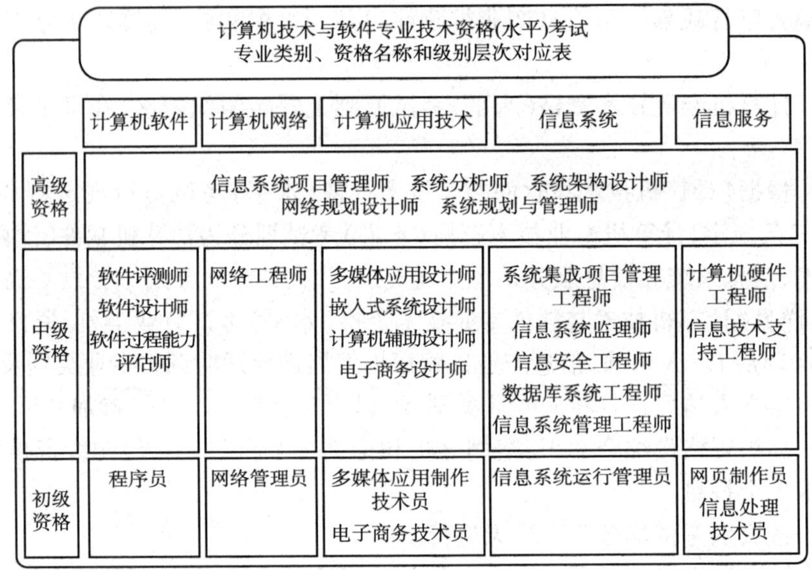

计算机技术与软件专业技术资格(水平)考试
专业类别、资格名称和级别层次对应表

	计算机软件	计算机网络	计算机应用技术	信息系统	信息服务
高级资格	信息系统项目管理师　系统分析师　系统架构设计师　网络规划设计师　系统规划与管理师				
中级资格	软件评测师 软件设计师 软件过程能力评估师	网络工程师	多媒体应用设计师 嵌入式系统设计师 计算机辅助设计师 电子商务设计师	系统集成项目管理工程师 信息系统监理师 信息安全工程师 数据库系统工程师 信息系统管理工程师	计算机硬件工程师 信息技术支持工程师
初级资格	程序员	网络管理员	多媒体应用制作技术员 电子商务技术员	信息系统运行管理员	网页制作员 信息处理技术员

附录 5　信息系统监理工程师资格管理办法

2009 年 11 月 9 日，工业和信息化部发布工信计资〔2009〕8 号文件《关于开展信息系统监理工程师认定有关事项的通知》。通知规定，为了适应信息系统工程监理行业发展需要，进一步推进信息系统工程监理单位资质（以下简称“监理资质”）管理，根据行政许可有关要求，经部计算机信息系统集成资质认证工作办公室（以下简称“部资质办”）研究，自 2010 年 1 月 1 日起，开展信息系统工程监理工程师（以下简称“监理工程师”）资格认定。

一、认定条件

1. 参加人力资源和社会保障部、工业和信息化部共同组织的全国计算机技术与软件专业技术资格（水平）考试中的信息系统监理师考试且成绩合格。

图 1　全国计算机技术与软件专业技术资格（水平）考试证书封面

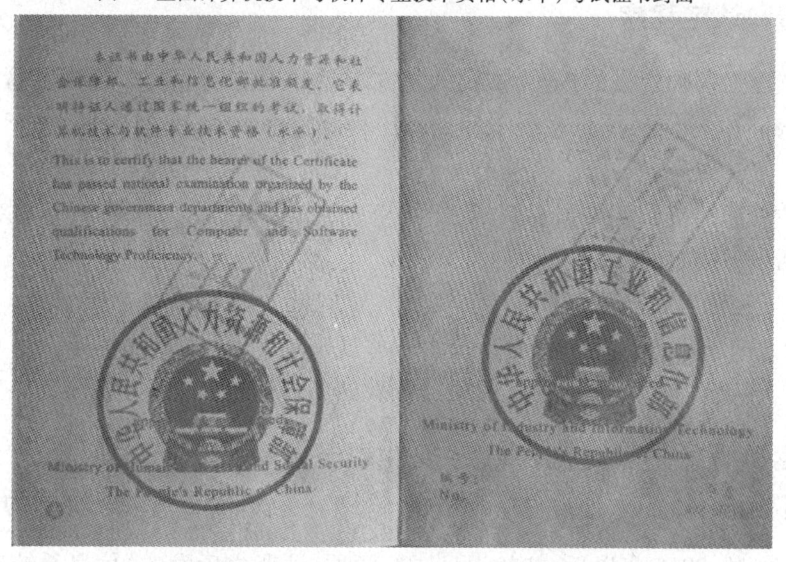

图 2　全国计算机技术与软件专业技术资格（水平）考试证书扉页

持证人签名：
Signature of the Bearer
管理号：
File No.:
姓名：
Full Name
性别：
Sex
出生年月：
Date of Birth
资格名称： 信息系统监理师
Qualification
资格级别： 中 级
Qualification Level
批准日期： 2009年5月23日
Approval Date
签发单位盖章：
Issued by
签发日期： 2009 年 8 月 11 日
Issued on

图3　全国计算机技术与软件专业技术资格（水平）考试证书内页

2. 符合以下学历及从业要求：

（1）硕士、博士研究生毕业后从事信息系统工程相关工作不少于3年，且从事信息系统工程监理工作不少于2年；

（2）本科毕业后从事信息系统工程相关工作不少于4年，且从事信息系统工程监理工作不少于2年；

（3）专科毕业后从事信息系统工程相关工作不少于6年，且从事信息系统工程监理工作不少于3年。

3. 参加过的信息系统工程监理项目累计投资总值在500万元以上，其中至少承担并完成两个以上信息系统工程监理项目。

二、申请和认定程序

1. 申请监理工程师资格的，应由申请人所在单位向地方工业和信息化主管部门（以下简称“地方主管部门”）提交《信息系统工程监理工程师资格申请表》及附件（以下简称“申报材料”）。

2. 地方主管部门接收到申报材料后，组织审查，并将审查结果报资质办。对监理工程师资格审查包括以下内容：

（1）监理工程师考试合格证明；

（2）申请人的学历、学位证书、专业技术职称证书；

（3）申请人从事信息系统工程监理项目管理的工作简历和主要业绩。

三、工业和信息化部对符合认定条件的予以审批，并颁发《信息系统工程监理工程师资格证书》（以下简称《资格证书》）。**《资格证书》有效期为三年。**

（作者备注：在2015年以后，持软考证进行注册，注册之后发的《信息系统工程监理工程师资格证书》的发证单位，由原来的工业和信息化部计算机信息系统集成资质认证工作办公室，更改为中国电子信息行业联合会。）

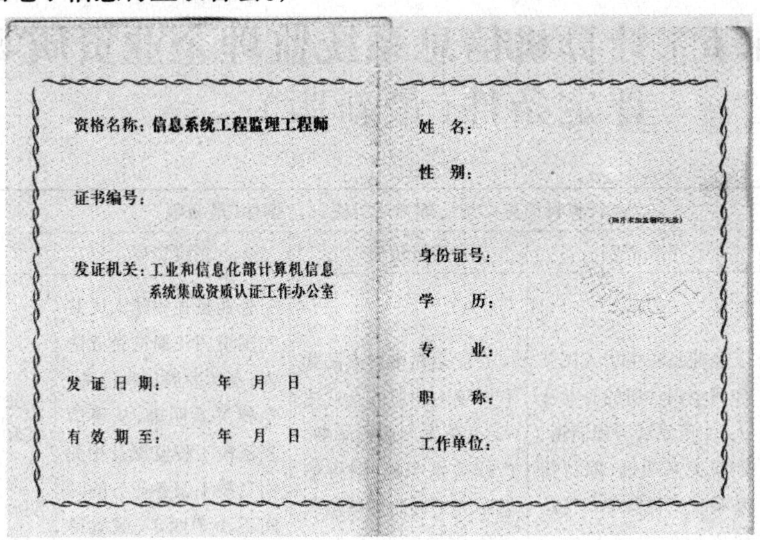

资格名称：信息系统工程监理工程师

证书编号：

发证机关：工业和信息化部计算机信息系统集成资质认证工作办公室

发证日期：　　年　月　日

有效期至：　　年　月　日

姓　名：

性　别：

身份证号：

学　　历：

专　　业：

职　　称：

工作单位：

图4　信息系统工程监理工程师资格证书样图

附录6　计算机信息系统监理企业资质等级评定条件(最新版)

计算机信息系统监理资质等级评定条件(最新版)					
条件		甲级资质	乙级资质	丙级资质	临时资质
综合条件	企业历史	企业是在中华人民共和国境内注册的企业法人,变革发展历程清晰、产权关系明确,取得信息系统工程监理单位乙级资质的时间不少于两年。 企业不拥有计算机信息系统集成企业资质	企业是在中华人民共和国境内注册的企业法人,变革发展历程清晰、产权关系明确,取得信息系统工程监理单位丙级资质的时间不少于一年。 企业不拥有计算机信息系统集成企业资质	企业是在中华人民共和国境内注册的企业法人,变革发展历程清晰、产权关系明确,从事信息系统工程监理及相关信息技术服务业务的时间不少于两年,或取得信息系统工程监理单位丙级资质(暂定)的时间不少于一年。 企业不拥有计算机信息系统集成企业资质	企业是在中华人民共和国境内注册的企业法人,产权关系明确。 企业不拥有计算机信息系统集成企业资质
	经营主业	企业主业是信息系统工程监理,近三年的信息系统工程监理及相关信息技术服务收入总额占营业收入总额的比例不低于60%	企业主业是信息系统工程监理,近三年的信息系统工程监理及相关信息技术服务收入总额占营业收入总额的比例不低于35%	—	—
	注册资本	企业注册资本和实收资本均不少于800万元	企业注册资本和实收资本均不少于300万元	企业注册资本和实收资本均不少于100万元	企业注册资本和实收资本不少于100万元
财务状况	收入总额	企业近三年的信息系统工程监理及相关信息技术服务收入总额不少于3000万元,财务数据真实可信,须经在中华人民共和国境内登记的会计师事务所审计	企业近三年的信息系统工程监理及相关信息技术服务收入总额不少于800万元,财务数据真实可信,须经在中华人民共和国境内登记的会计师事务所审计	—	企业有良好的知识产权保护意识,近三年无触犯国家法律法规的行为
	是否盈利	企业财务状况良好,近三年度没有出现亏损	企业财务状况良好,最近两年度没有出现亏损	企业财务状况良好,最近年度没有出现亏损	—

续上表

计算机信息系统监理资质等级评定条件(最新版)					
条件		甲级资质	乙级资质	丙级资质	临时资质
信誉	公众形象、知识产权	企业有良好的资信和公众形象,有良好的知识产权保护意识,近三年无触犯国家法律法规的行为	企业有良好的资信和知识产权保护意识,近三年无触犯国家法律法规的行为	企业有良好的资信和知识产权保护意识,近三年无触犯国家法律法规的行为	—
	履约能力	企业近三年没有出现过重大失误以及因监理不当造成业主单位或承建单位不应有的损失所引起的重大投诉	企业近三年没有出现过重大失误以及因监理不当造成业主单位或承建单位不应有的损失所引起的重大投诉	企业近三年没有出现过重大失误以及因监理不当造成业主单位或承建单位不应有的损失所引起的重大投诉	企业最近年度没有出现过重大失误以及因监理不当造成业主单位或承建单位不应有的损失所引起的重大投诉
	竞争行为	企业近三年无不正当竞争行为	企业近三年无不正当竞争行为	企业近三年无不正当竞争行为	企业最近年度无不正当竞争行为
	遵纪守法	企业遵守信息系统工程监理单位资质管理相关规定,在资质申报和资质证书使用过程中诚实守信,近三年无不良行为	企业遵守信息系统工程监理单位资质管理相关规定,在资质申报和资质证书使用过程中诚实守信,近三年无不良行为	企业遵守信息系统工程监理单位资质管理相关规定,在资质申报和资质证书使用过程中诚实守信,近三年无不良行为	企业遵守信息系统工程监理单位资质管理相关规定,在资质申报和资质证书使用过程中诚实守信,最近年度无不良行为
业绩	项目收入	近三年完成的信息系统工程监理项目投资总值不少于 6 亿元,监理合同总额不少于 2400 万元,其中包括实施及验收阶段的监理合同额所占比例不低于 60%。这些项目至少涉及三个省(自治区、直辖市),并已取得三方签署的验收报告	近三年完成的信息系统工程监理项目投资总值不少于 1.5 亿元,监理合同总额不少于 600 万元,其中包括实施及验收阶段的监理合同额不低于 60%。这些项目已取得三方签署的验收报告	近三年完成的信息系统工程监理及相关信息技术服务项目合同总额不少于 30 万元,其中监理项目已取得三方签署的验收报告	—
	项目规模	近三年完成的信息系统工程监理及相关信息技术服务项目个数不少于 20 个,其中至少有 2 个合同额不少于 100 万元或 4 个合同额不少于 50 万元的项目	近三年完成的信息系统工程监理及相关信息技术服务项目个数不少于 10 个,其中至少有 2 个合同额不少于 20 万元或 4 个合同额不少于 10 万元的项目	近三年完成的信息系统工程监理及相关信息技术服务项目个数不少于 5 个	—

续上表

计算机信息系统监理资质等级评定条件(最新版)					
条件		甲级资质	乙级资质	丙级资质	临时资质
管理能力	质量管理体系	已建立完备的质量管理体系,通过国家认可的第三方认证机构认证,且连续有效运行时间不少于一年	已建立完备的质量管理体系,通过国家认可的第三方认证机构认证	已建立企业质量管理体系,并能有效实施	已建立企业质量管理体系,并能有效实施
	项目管理体系	已建立完备的项目管理体系,使用管理工具进行项目管理,并能有效实施	已建立完备的项目管理体系,并能有效实施	已建立项目管理体系,并能有效实施	—
	客户服务体系	已建立完备的客户服务体系,能有效地为客户提供优质服务	已建立完备的客户服务体系,能有效地为客户提供服务	已建立客户服务体系,并能有效实施	已建立客户服务体系,配备专门人员
	管理信息系统	已建立完善的企业管理信息系统并能有效运行	已建立企业管理信息系统并能有效运行	—	—
	管理人员	企业的主要负责人从事信息技术领域企业管理的经历不少于5年,主要技术负责人应具有信息系统工程监理工程师资格和电子信息类高级职称且从事信息系统工程监理工作的经历不少于5年,财务负责人应具有财务系列高级职称	企业的主要负责人从事信息技术领域企业管理的经历不少于4年,主要技术负责人应具有信息系统工程监理工程师资格和电子信息类高级职称且从事信息系统工程监理工作的经历不少于4年,财务负责人应具有财务系列中级及以上职称	企业的主要负责人从事信息技术领域企业管理的经历不少于3年,主要技术负责人应具有信息系统工程监理工程师资格和电子信息类专业硕士及以上学位或电子信息类中级及以上职称且从事信息系统工程监理工作不少于3年,有专门的财务人员	企业的主要负责人从事信息技术领域企业管理的经历不少于2年,主要技术负责人应具有信息系统工程监理工程师资格和电子信息类专业硕士及以上学位或电子信息类中级及以上职称且从事信息系统工程监理工作不少于2年,有专门的财务人员

续上表

计算机信息系统监理资质等级评定条件(最新版)					
条件		甲级资质	乙级资质	丙级资质	临时资质
技术实力	业务实力	主要业务领域中的典型项目在技术水平、经济效益、社会效益方面居国内同行业领先水平	主要业务领域中的典型项目有较高技术水平,经济效益和社会效益良好	—	—
	技术实力	已建立完备的信息系统工程监理工作体系,对主要业务领域的业务流程有深入研究,有先进、完善的监理技术规范,监理能力居国内前列	已建立有效的信息系统工程监理工作体系,熟悉主要业务领域的业务流程,有完善的监理技术规范	已建立信息系统工程监理工作体系,有信息系统工程监理技术规范	已建立信息系统工程监理工作体系,有信息系统工程监理技术规范
	工作环境	有与开展信息系统工程监理及相关信息技术服务业务相适应的固定工作场所和软硬件环境,办公面积不少于300m^2	有与开展信息系统工程监理及相关信息技术服务业务相适应的固定工作场所和软硬件环境	有与开展信息系统工程监理及相关信息技术服务业务相适应的固定工作场所和软硬件环境	有与开展信息系统工程监理及相关信息技术服务业务相适应的固定工作场所和软硬件环境
	检测工具	在监理项目实施过程中能运用信息系统检测分析工具和仪器设备对信息系统工程进行检测	在监理项目实施过程中能运用信息系统检测分析工具和仪器设备对信息系统工程进行检测	在监理项目实施过程中能运用信息系统检测分析工具和仪器设备对信息系统工程进行检测	—
人才实力	技术人员	从事信息系统工程监理及相关信息技术服务工作的技术人员不少于45人,其中大学本科及以上学历人员所占比例不低于80%	从事信息系统工程监理及相关信息技术服务工作的技术人员不少于20人,其中大学本科及以上学历人员所占比例不低于80%	从事信息系统工程监理及相关信息技术服务工作的技术人员不少于10人,其中大学本科及以上学历人员所占比例不低于60%	从事信息系统工程监理及相关信息技术服务工作的技术人员不少于10人,其中大学本科及以上学历人员所占比例不低于60%
	监理工程师	具有信息系统工程监理工程师资格的人数不少于25名	具有信息系统工程监理工程师资格的人数不少于12名	具有信息系统工程监理工程师资格的人数不少于5名	具有信息系统工程监理工程师资格的人数不少于2名
	专家或外部技术协作体系	有熟悉主要业务领域的专家或有良好的外部技术协作体系,能够对主要业务领域的信息系统工程监理及相关信息技术服务业务提供专业技术支持	有熟悉主要业务领域的专家或有良好的外部技术协作体系,能够对主要业务领域的信息系统工程监理及相关信息技术服务业务提供专业技术支持	有熟悉主要业务领域的专家或有良好的外部技术协作体系,能够对主要业务领域的信息系统工程监理及相关信息技术服务业务提供专业技术支持	—
	人力资源	已建立人力资源管理体系并能有效实施	已建立合理的人力资源管理、培训与考核制度,并能有效实施	具有系统地对员工进行新知识、新技术以及职业道德培训的计划,并能有效地组织实施与考核	具有系统地对员工进行新知识、新技术以及职业道德培训的计划,并能有效地组织实施与考核

参考文献

[1] 柳纯录. 信息系统监理师教程[M]. 北京:清华大学出版社,2005.
[2] 薛大龙. 信息系统监理师应试辅导暨案例分析[M]. 北京:人民邮电出版社,2005.
[3] 薛大龙. 信息系统监理师考前串讲与模拟试卷[M]. 北京:人民邮电出版社,2007.
[4] 薛大龙. 信息系统监理工程师手册[M]. 北京:机械工业出版社,2011.
[5] 薛大龙. 信息系统监理师教程[M]. 北京:电子工业出版社,2012.
[6] 薛大龙. 信息系统监理师考试掌中宝[M]. 北京:电子工业出版社,2013.
[7] 薛大龙. 信息系统监理师考试蓝色题库[M]. 北京:电子工业出版社,2013.
[8] 薛大龙. 信息系统监理师考试金色重点暨四年真题解析(2009 ~ 2012)[M]. 北京:电子工业出版社,2013.
[9] 薛大龙. 信息系统监理师历年真题解析[M]. 北京:电子工业出版社,2014.
[10] 薛大龙. 信息系统监理师考试金色重点暨试题分类详解[M]. 北京:电子工业出版社,2015.
[11] 薛大龙. 信息系统监理师教程[M]. 2 版. 北京:电子工业出版社,2015.